マワリテメグル世界が
わかる・見える！

神聖幾何学とカタカムナ

弁護士・医学博士
秋山佳胤
＋
カタカムナ言霊伝道師
吉野信子

徳間書店

はじめに

幾何学は英語でジオメトリーといい、図形や空間の性質について研究する数学の分野です。そして、形を成す細胞や元素など生命の根源の形やパターンを見ると、調和の極まった神聖幾何学があることがわかります。

宇宙はミクロからマクロまで神聖幾何学によって作られているともいえるでしょう。

その形の元になる「**命の種**」は、**シードオブライフ**と呼ばれ、その形は**ベクトル平衡体**と名づけられています。それと対になるのが**星型八面体**、マカバです。

前者は陰のエネルギーをもち、後者は陽のエネルギーをもちますから、2つを一緒にしたものは陰陽統合のエネルギーをもった形になります。

また、シードオブライフを2重構造にしたものは**ツリーオブライフ**といい、カバラでは「**生命の樹**」といわれ、古代から大切な秘儀として使われてきました。

さらに、3重構造にしたものが**フラワーオブライフ**です。フラワーオブライフは神聖幾何学の大元とされていて、私たちの細胞一つひとつがこの神聖幾何学で成り立っていますし、受精卵が細胞分裂していくのもこの過程を通っていきます。平面図形から立体図形となって、私たちの平面意識を立体意識に育てていきます。

また、フラワーオブライフの縁が交差する点を線で結ぶと、すべての線が黄金比率（1対1・618…）になります。松ぼっくりやひまわりの種など自然界のものは、その黄金比率に近いフィボナッチ数列で表されています。

こうした原理は古代ギリシャ時代にはすでに解明されていて、多くの神殿や彫刻はその普遍的な美で表現されています。

また、古代ギリシャの哲学者プラトンは当時から、正多面体は5つしかないことを発見していました。

それを**プラトン立体**といい、その5つの立体には、**火、水、土、風（空気）、エーテル（電気）**といった5元素のエネルギーが発見されています。その元素のすべてを内包しているのがフラワーオブライフです。

形、形態とは何でしょう。

形態というのは物質ではありません。目には見えない形がエネルギーを生み出していて、その形態が生み出すエネルギーのことを形霊《かただま》（音が生み出すエネルギーを音霊《おとだま》、数が生み出すエネルギーを数霊《かずだま》、言葉が生む出すエネルギーを言霊《ことだま》といいます。この形霊が波動、周波数を生み出してその形態の骨組みを作り出し、この世界、3次元で、私たちの目に見える形となります。

その骨組みを綿棒で作るのが、**神聖幾何学綿棒**ワークです。

綿棒ワークは、まさに形態の骨組みを作っているわけです。綿棒で作った骨組みは、私たちの肉眼ではっきり見ることができます。この骨組みを見ることで私たちは、形態の構造を理解することができますし、そこから流れ出しているエネルギーを感じることができます。見えない世界を見えるようにして体感できるということです。

また、**カタカムナの「カタ」は、肉体や物質など目に見えるものを指し、「カム」はそこに流れる目に見えないエネルギーを指し、その2つを統合したもの（ナ＝十）をカタカムナ**というように、その原理を語っています。

カタカムナの中心図象ヤタノカガミは、右螺旋と左螺旋の両方をもつトーラスの形状をもち、ヒ（1）フ（2）ミ（3）ヨ（4）イ（5）ム（6）ナ（7）ヤ（8）と左回りに

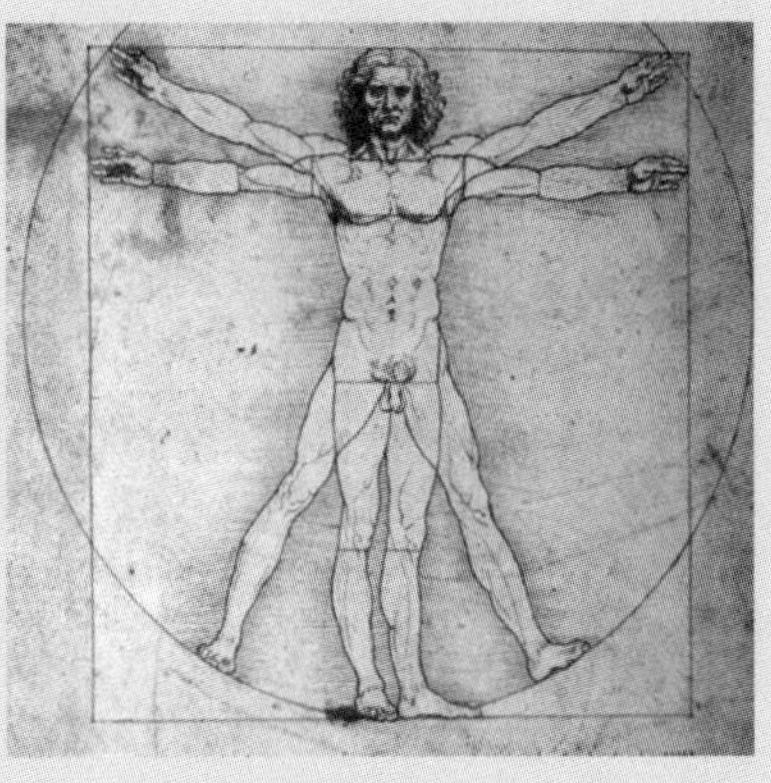

レオナルド・ダ・ヴィンチの「ウィトルウィウス的人体図」
人体は宇宙を表していることを表現

回転し、コ（9）で転がり入り、ト（十）で統合すると、また新たなヒ（1）が始まります。

人間も、地球も、星々も、その中を流れるエネルギーは、このトーラスの形をとっています。

みなさんもレオナルド・ダ・ヴィンチの「ウィトルウィウス的人体図」を見たことがあると思います。

円は「天（真理）」を、正方形は「地」を表すとされていて、絵の中で両手、両足を伸ばして立っている人間は、円と正方形の両方に接しています。

レオナルド・ダ・ヴィンチはこの絵に、**人は精神（天）と物質（地）の両方に生きる存在**だというメッセージを込めたのでしょうか。

本書は、この世界の構造を見ていくためのひとつのテキストとして作りました。
ぜひ神聖幾何学とカタカムナの世界を感じてみてください。

目次

第1章 すべてはマワリテメグル世界 秋山佳胤&吉野信子

第2章 綿棒で神聖幾何学を作る・感じる 秋山佳胤

第3章 神聖幾何学とは何か 秋山佳胤

第4章 カタカムナ文字とカタカムナウタヒ 吉野信子

構成　リエゾン、
装丁　三瓶可南子
組版　（株）キャップス
協力　船戸クリニック

第1章

◇◇◇◇◇◇◇

すべてはマワリテメグル世界

秋山佳胤&吉野信子

宇宙時代の始まり

秋山　２０１９年の10月になり、宇宙と地球が同じ生命として共に動き始めています。９月23日にはクリスタルボールの演奏家である海響（MIKI）さんが制作したドキュメンタリー映画『愛の地球（ホシ）へ～宇宙がいま、私たちに伝えたいこと～』が封切られました。それは宇宙から映画を作りなさいというメッセージを受けて作られたもので、池川明先生や私、星読みのルミナ山下さんたちが出演していますが、そこにはシリウスやアンドロメダ、アルクトゥルスなど、宇宙存在からのメッセージもふんだんに盛り込まれています。それを見ても、いよいよ宇宙時代になったという印象があります。

私の演奏会に来た方がおっしゃるには、あるとき宇宙人にさらわれたというのです。宇宙船のピット近くに見られない文字があってすごく印象的だったのが、地球に戻ってきていろいろ見ていたら、それがカタカムナの文字だったというのです。ですからカタカムナは宇宙の文字だと彼はいいます。

『古事記』というのは日本でいちばん古い文献だといわれていますが、『ホツマツタヱ』が平成4年に全文が発見されています。それは縄文の文字で書かれていて、『古事記』の元になっている縄文の文字で書かれている文献だといわれています。

一方で、カタカムナ文字というのがあるのですね。そのカタカムナ文字は縄文のヲシテ文字より古い、宇宙の文字だなという印象があります。

分離の時代が終わり、統合の世界に入ったといわれていますが、統合にはいろいろな意味があり、私たちの魂が分けられ、分御霊《わけみたま》の分離が進んでいった、そのプロセスが分離の時代で、今度は分かれた魂が再会している、そういう意味で魂の仲間が出会いやすくなっています。魂グループですね。

また一つの魂から分かれたツインレイの出会いも格段に起きやすくなっています。

御霊の統合という意味でも、地球と宇宙が鎖国状態だったのが統合されていっているからです。**ミクロからマクロの世界まで垣根が取り外され、統合に向かっています。**そうした時代に、ホツマツタヱやカタカムナなど、昔からありながらこれまで隠されていたものが今明らかになってきているのです。

船戸クリニック外観

じつは神聖幾何学の世界も元からありましたが、立体のものが隠されていました。それがいよいよ表に出てきて究極の数学が私たちに示されている状態です。私たちが対談を行なった船戸クリニックの建物も十八角形という1＋8＝9、究極的な会場になっているということもあって、この日は宇宙存在も来ていたと思われます。

私はカタカムナのことはまったく知らないので、今日はいろいろ教えていただきたいと思っています。神聖幾何学のほうは昨年から綿棒でワークを始めていて気づいたこともありますので、そうしたこともシェアできればと思います。

これまで自分は陰と陽の世界でいえば陰、影の世界を取り仕切っていたのですが、今生この日陰の世界に来て、ツインレイにも巡り合え、こんなふうに信子先生とも出会えたことは誉《ほま》れです。

実在は内にあり、外の世界は虚像

吉野　私も闇の世界の住人です。カタカムナというのは闇の世界です。光というのは物質の外側（目に見えるもの）を照らし出す力がありますが、内部には入れません。闇は心の中（目に見えない世界）を支配する力をもっています。

すべての光の光源は、じつは闇そのもので、光は、球体内の暗闇から放たれて光になるのです。光から光が生まれるのではなく、闇から光が生み出されるのです。つまり闇と光の本質は同じ。閉じ込められているのか、開放されているのかだけの違いだけです。

どちらのエネルギーが濃密かというと、もちろん中に入っている闇です。闇が光を生み出している――だから内側の核は常に「＋」ですね。それがカタカムナの原理です。

陰陽は見る角度を変えれば♥（ハート＝心）型になります。（次頁図参照）

西洋では♥、東洋ではそれを「陰陽☯」と表現したのでしょう。すべては「心＝♥＝

陰陽を表わすシンボルは、見方を変えればハートになる。

☯」が本質であり、その形を♥で表し、そのシステム原理が「陰陽☯」という2つの渦で表されているのです。心が振動し、打ち震え、渦を巻くと、中の闇の世界がわーっと広がって、殻を打ち破り、外側への光に変わります。

この過程を解説すると、カタカムナの「ナ（核）」とは、心の中で起こる、外からの刺激と自分の感情が一つになる場、つまり「統合＝十」の形であり、それが「ナ＝十」で表されます。この十は「縦のI（私＝I）」と「横の一（あなた＝you）」がぶつかり合い統合（十）して振動を起こすところです。英語で表現すると「I and you」これをカタカムナ48音では「イ＋ヨ」、漢字では「陰陽（闇と光）」といっています。ここから英語読みの（I'n you）も日本語（イヨ）も中国語（陰陽）も同じ言葉を表現していることがわかりますね。

それが統合するとき、「陰のI（私）」と「陽の一（あなた）」がバチンと叩き合います（十）。それが「命」という文字です。「命」を分解すると「八＋一＋叩」となります。「八咫鏡《やたのかがみ》＝闇）の中で、一（同士）が叩く」と読めますね。そのバチンと「一と1が統合して叩き合う振動」が「命」を生み出しているという意味です。つまり、あなた（陽＝you）が、私（陰＝I）の中（in）で私を揺さぶっている。つまり、あなたが私に振動を与え、私を光に変えているんですね。

その奏でた私の振動が闇を揺り動かし、殻を破って光となり、外側に開放され、私の振動する光によって、私と統合した人々（あなた）を照らし出します。そればかりか、私の闇（心）から出た美しい光は、天の空間に広がり、すべてを照らし出します。それが天岩《あめのいわ》戸《と》（暗闇）の扉を開いた天照大御神という太陽神のお話です。だから太陽というのは、本当は外ではなく中（岩屋戸）に存在するのです。

光を出す太陽の光源はすべて内側、私の心の中にあります。

内と外は合わせ鏡

秋山　昔からインサイドサンといいますね。太陽というと朝拝むように外に見ていますが、私たちが外に見ているものは、じつは全部内側にあるということですね。

吉野　内と外は合わせ鏡になっているので、外の太陽はじつは内側の鏡の虚像であり、空も、雲も、月も星も、そして宇宙さえも、本当は内側にあって、それが意識で循環しています。**永遠循環というのは、内と外が循環する**ことです。外にあるものが内に入らなければ循環できませんね。そうでなければつながりません。それは内と外が同じだということです。それが神道で御神体が鏡だという意味です。

どちらが実像で、どちらが虚像かというと、内側にある「命」「心」が本物で、それが核です。私たちは外の光で照らし出された世界に生きていますが、じつはそこは虚像の世界です。心がすべての生命の原動力です。

外の世界で自分の人生を生きていると思っているのは、すべて、自分の心が感じた心の軌跡です。心の中にしか人生はないし、自分が感じたものしか残らないのです。命を生み出しているのも、肉体を再生しているのも、じつは生きたいと思う心の働きです。すべての生命、命が動く原動力は自分の中にあります。地球が動く力は地球の核にありますし、太陽系が動く力は太陽の核にあります。

すべて中が外に影響を与えて動いていますから、神は中に、そして秋山先生が交信されている宇宙も命の中にあります。宇宙は外にあるのではなくて、それは中にあるものの投影なので、宇宙とコンタクトしたかったら自分の中にアクセスしましょう。

形があるとつながりやすい

秋山　すばらしい。**昔からミクロコスモス、マクロコスモスという概念があります。私たちは意識が外側に向きすぎていたのですね。**内側にあるものが真実で、外側にあるのは虚像だということですが、言葉で表現すると言葉の制約を受けてしまうので、そこは自分のイメージ力で補って感覚でつかむことが大事です。

その感覚でつかむときに、モデルであるかたちがあるとつながりやすいですね。内側に真実があり、外側が虚像だとすると、内側に光源があり、その外に想念というフィルムがあり、外側に光源から照らされたスクリーンがあり、スクリーンに映った像を見て、私たちはその像が本物だと思い込んでいるのだと思います。

見えているものは過去

吉野 みんな見えているものが本物だと私たちは思っています。でも闇の中（心の中）で生み出された振動が「今」という世界で、それが開放されて外に出た世界は、つまり、その光で見えているものはみんな「過去」なんです。過ぎ去ったものです。

ですから今に生きるという「今」という瞬間は、心の中にしかありません。現象化してしまった過去を見聞きし、いろいろな人の反応を見ながら、それをどう思って心が振動するかが、今のエネルギーになっていて、それが自分を生かしています。それは全部心の中の今の振動によって起こっているのです。

本質というのは中から出てくる光（実際は闇から出る光）なので、それが外に出たときに現象を起こします。現象は過去なので変わりませんが、次の思いの中の「今」が変われば、次の過去が変わっていくという世界です。

だから私たちの今と過去は、同時に内側と外側にあるものです。

今は思いの中、見ているのは起きてしまった過去、過去に何が起こったのかを見ながら、今の思いが生まれてきています。

もし、自分が幸せになりたいという現実を作りたいと思うなら、「私は幸せになる」という今を作れば、次の過去が幸せになっていきます。今が過去を作っているので、今はまったく自由なのです。自由（ジユウ）は、「十（ジュウ）」に通じ、今どう感じようと自分自身の自由です。ちなみに「ジュウ」の数霊は「33」、ｓｕｎ・ｓｕｎという太陽の数霊です。

先ほどお話しした「陰と陽の一同士が叩いた形（命）」、つまりバチッという振動の「十」ですね。それをどう感じてどんな振動を産み出そうが、まったく私の自由です。それを般若心経では**「観自在菩薩」**といっています。つまり、今を自分の思い通り自在に観て、振動させれば次の過去が変わるのです。そして菩薩とは、常に、よりよく生きようともがきながら修行している私たちのことです。

では、「未来」はどこにあるかというと、つまり、今の中でチャージされた振動（光）が外に放出されて過去になれば、その光の振動はなくなっていきます。振動をなくし、萎《しぼ》んでいく光の残像……つまり内側の闇に帰っていく古い過去（光らなくなった光）のことを私たちは「未来」と呼んでいるのです。

なぜならその残像こそが、今の中に戻ってきて再び振動をチャージされ、光の光源（闇）となるからです。そして光は過去として復活します。だから未来というのは振動していないので、本当は存在しないといっていいと思います。

未来をよく予言する人がいますが、それは、もしこのまま今の振動が引き続き変わらなければ、そうなるだろうと予想しているだけで、今は自由自在（観自在菩薩）ですから、変えようと思えば未来はいつでも変わります。今が変わると未来も変わる。同時に過去も変わるという図式です。

その循環が生命の循環です。それがカタカムナの基本概念です。これを理解すると、過去にも未来にも縛られることなく、私たちは自分の思うように生きられます。

自分はどのような振動を起こしているのか

秋山 それはいい話です。私たちは過去というものに縛られていますが、また未来という不確かなものにエネルギーを奪われていたりして、今が疎《おろそ》かになっています。今の先生のお話は、自分が今、どのような振動を起こしているのか、それがすべてであり、それで創造もできるということですね。

カタは形であり、カムはつなぐエネルギー

吉野　はい、うまくまとめてくださってありがとうございます。その通りです。**カタカムナのカタというのは形のことであり、見えているものです。カムというのはその「形（肉体）」と見えない「今」をつなぐエネルギーのことです。**カタはクッキーの容れ物のように中は空間です。私たちの肉体って詰まっているように見えて中は空間なんです。

細胞というのはほとんど電子でできています。中心の小さい原子核の周りを電子が飛び回っていて原子となり、原子が分子や細胞を作っています。それらのぐるぐる回っている電子がすべて止まってしまえば、そこは何もない空間です。命とは、内側の見えない核（カタカムナ）が創り出している電子的空間と、その中に循環するカムのエネルギーなのです。それが命のシステムです。

命は振動であり、生命波動

秋山　僕はカタカムナのことを今日初めて聞いたのですが、おかげさまですごくわかりやすい根元的なカタカムナの定義を知りました。命という言葉が出てきましたが、命というのは振動であり生命波動だということだと思いますが、私は綿棒のワークショップではいつもベクトル平衡体を作ります。

ベクトル平衡体はシードオブライフという、まさに命の種であり、この形態が生命波動を生み出しています。その辺もカタカムナと一緒なのかなと思います。

このベクトル平衡体はトーラスのことですが、ここからいろんな形ができています。

ここから正八面体ができますし、ピラミッ

ドの形、これがカタカムナの核の形で、エネルギーを作り出しています。上の正四面体の下にも同じものがあります。正八面体の中心のところからエネルギーの風が吹き出しています。

すべては0と1で動いている

吉野　はい、カタカムナの考え方も同じですね。カタカムナとは星形八面体（立体マカバ）の中央に重なった部分（正八面体）です。その正八面体は、ピラミッドの底面同士を2つ合わせた形となっています。

この形はエネルギーを閉じ込めた「ゼロ」という形なので対角線が引けません。交わるところがなく空間にしかならないので、これが数字のゼロという形です。このゼロからゼロ磁場が生まれます。

この正八面体が反転を起こしてベクトル平衡体になると、すべての対角線が中心の一点に集まり、1を形作ります。この一点が「1」になります。つまり命が生まれます。秋山先生がおっしゃたように、カタカムナでもベクトル平衡体が「命の種」です。そしてその

（ベクトル平衡体＝１）　（正八面体＝心＝０）　星形八面体（マカバ＝立体六芒星）

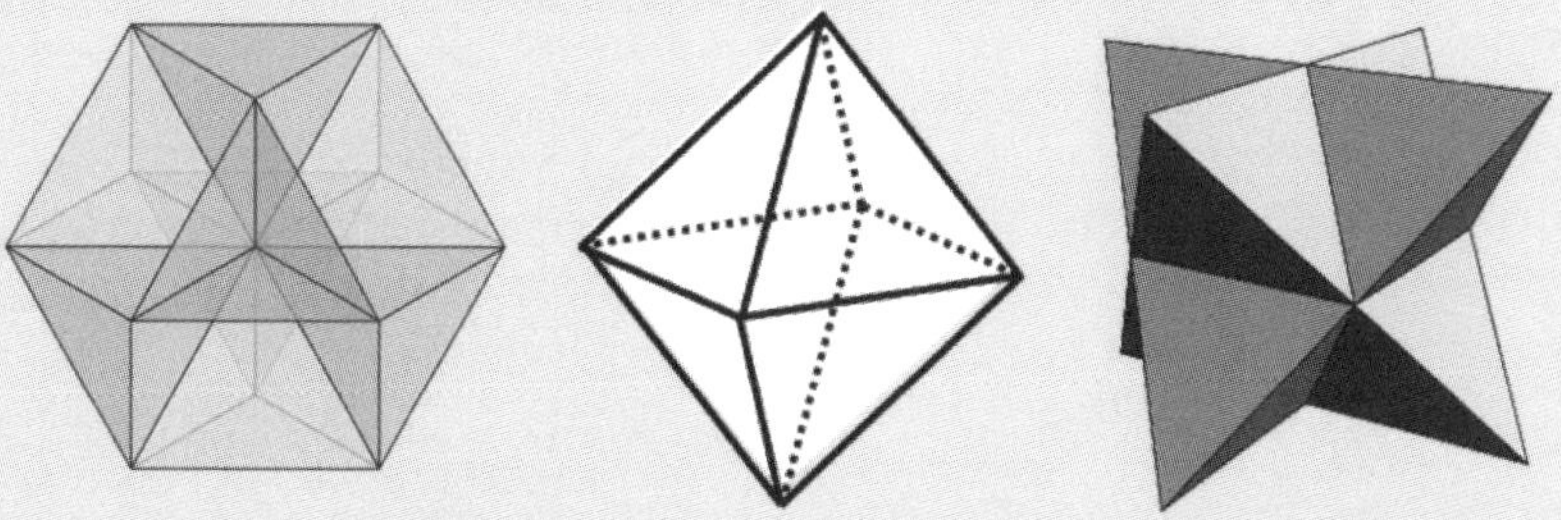

ベクトル平衡体からはいろんな形が生み出されるので命の種といわれ、正八面体ができる。
立体マカバ（星型八面体）の中央にも正八面体はある。

命の種を生み出した正八面体は子宮であるともいえるでしょう。

すべてはこの0と1のエネルギーが捻《ねじ》れて瞬間瞬間に入れ替わることによって生まれています。入れ替わりが光速以上なので、つまりそれをイラストで描くと「1」と「0」が同時に見える「Θ（シータ）の形＝陰陽☯」になりますね。

この形が量子コンピューターの基本だと聞いたことがあります。

六芒星の中心から出るエネルギーを草薙剣《くさなぎのつるぎ》という

吉野　カタカムナでは、実体は2次元の平面膜だとしています。だから六芒星も2次元の平たい2つの三角形です。しかしそれがマワリながらすべての角度にそれ自体が回るので、立体のように幅が出ます。しかし止まれば2次元という本質です。故に3次元世界はホログラムだと見ています。振動や渦がなくなれば、物質は消えていきます。

今、風が吹くとおっしゃいましたが、カタカムナでは六芒星の中心がマカバの逆回転によって捻れ、その捻れが開放されようと反転を起こす力が交互に起こると考えています。
それが、生命エネルギーです。

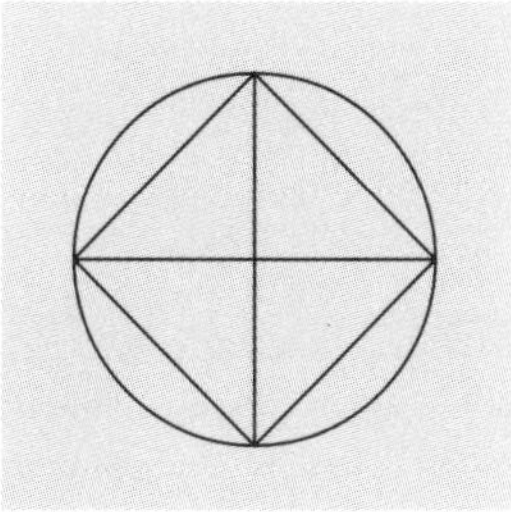

その中で心（フトマニ）の思いが振動を起こし、闇の中から開放されるとき、そのエネルギーが剣のように渦を巻きながらジェット噴流として正八面体の上下から噴出しますが、そのレーザー光線のように出てきたエネルギーのことを「草薙剣（天叢雲剣《あめのむらくものつるぎ》）」と呼んでいます。

これは心の振動が言霊、意識の振動（音霊）となって現象化を起こそうと外に放出したものです。現象化は、その心から出た言霊、音霊が起こしています。

ここからわかるように、**三種の神器というのは、じつはこの宇宙の構造、生命の構造、心の構造を示しているのです。**そしてそこにはその心の持ち主である人が必ずいるのです。

六芒星にはよく人体が中に描かれていますね。それはその命、心の持ち主である「人間」です。「人」という字の外側をつなげば△で表せますね。イメージしてみてください

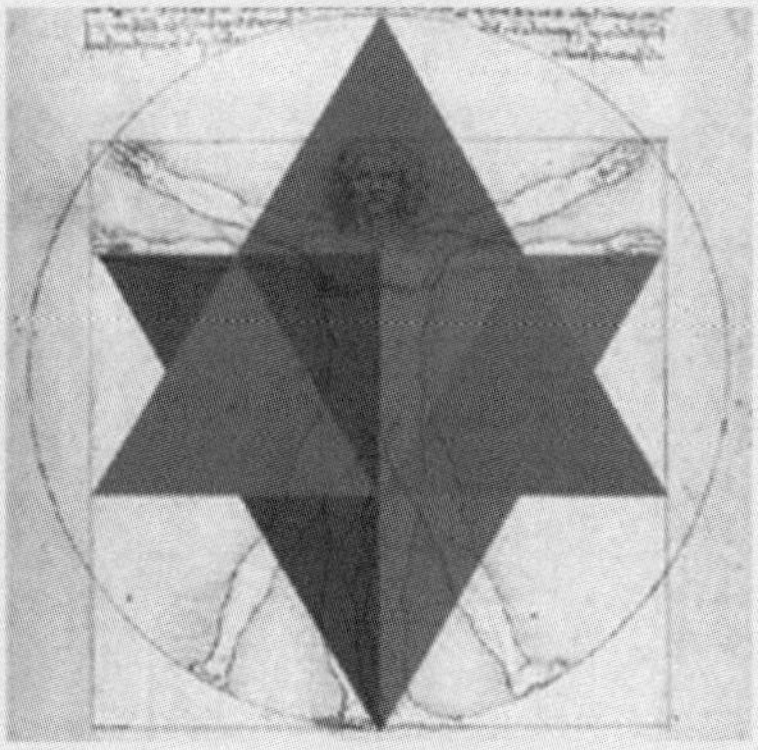

六芒星が重なる部分、そこに私たち人間の心はある

「△（人）と▽（人）の間（六芒星が重なる間）にいるのが私」という図が見えますか？ まさにそこには「人間」がなぜ「人間」と呼ばれるのかの理由が示されていますね。

その尊い命のシステムを、象徴として表されたのが天皇制です。だから天皇とは、私たちの命のシステムを現象化して見せてくださっているもの、言い換えれば私たち自身の姿です。

なので天皇家の三種の神器は「八咫鏡（生命システム）」と「草薙剣（天叢雲剣＝言霊システム）」と「勾玉《まがたま》（渦）」の3種です。それらの3種はそのまま、カタカムナの言霊、生命構造の渦の中心図象でもあります。

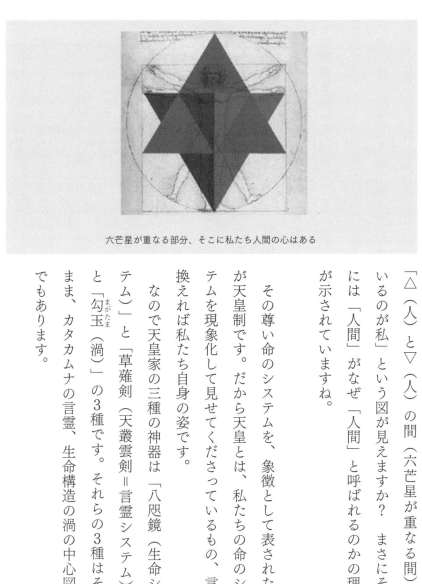

祝詞が空間を変える

秋山　カタカムナがそういうことを具体的に伝えていることを私は今日初めて知りましたが、言霊が大事なんですね。植物や動物、微生物は地球の一部、宇宙の一部として存在していますが、ある意味、本能、神の意思のみで生きています。なので、植物や動物が自然環境を壊していることはありません。

今、地球環境は危機的状況ではありますが、それをそのようにしたのは人です。人だけが本能とは違った自由意思を与えられていて、その自由意思を用いて、また言葉を意思と共に表現として発することができます。

陛下のことを昔はヒトといいました。それはヒ（1）からト（10）までのことでもあり、1から10までを捧げるという意味もあります。それは天照大御神は朝生まれたので、若い太陽ということでワカヒトという名前もあります。

言葉の力でレーザー光線という言葉が出ましたが、光というのは電球の光のように広がっていきますが、レーザー光線というのはまっすぐな急光線で、祈りが通じるときというのはまっすぐな広がらないコヒーレントな光になっています。

そのときには意志が整っていることが必要で、昭和天皇が戦時中、核弾頭を積んだB29が東京上空に現れた際、祝詞を唱えてそれを消したということを伝えている方もいます。祝詞というのはこのような言霊を唱えると、空間にエネルギーを発してこのような結果を残すというものもあるようです。その言霊は誰が唱えてもそのようになる法則の世界ですが、意識が調《ととの》わないでやるとうまく作動しません。雑念があるとノイズになってしまいます。それがコヒーレントとして作動するためには、意識がピュアで集中している必要があります。

その言葉は真心から出ているか

吉野　本当にそうですね。思いの現象化のためには強固な意思が必要です。天照大御神が石屋戸という石（＝意思）から出てきたことにつながっていますね。

カタカムナの読み解きの法則には、宇宙は振動がすべてなので、同じ振動をもつ同音異義語は本質が同じだと見ます。そうするとダジャレはダジャレではなくなりますし、読み解く中で、むしろそこから大発見！　ということもしょっちゅう起こります。また、1から10までをヒトと呼んで、それが天皇陛下を表していたとおっしゃいましたが、まさにカタカムナウタヒの「ヒフミヨイ……ムナヤコト」の「ヒ」から「ト」までと同じです。

また、天照大御神を若い太陽という意味で、ワカヒトと呼ぶというのは知りませんでした。暗闇（夜）を破って出てきた振動を発する、元気な（朝の）太陽の光はまさに「ワカヒト」ですね。

そして振動をなくした暗い光が、夜の闇へと帰っていく老人の光は「月読命《つきよみのみこと》＝未来」と言えるでしょう。老人が未来を担っているのです。そうすると死とは恐怖ではなく、本当はとてもワクワクする夢なのかもしれませんね。とても面白いです。

カタカムナの内部構造を簡単に説明しますと、中心の至聖所（マカバの重なった正八面体）は「心」であり、命を生み出す「子宮」です。神道では「フトマニ」と呼ばれる場所です。ここには真ん中に「一つ目」があります。そして音を聞く「耳」があり、エネルギーが入ってくるときや、言霊、音霊を出すときには「口」となります。

つまり、もっとも聖なる場所（至聖所）とは、「聖」の字が表わすように「目（耳の字の中に含まれる)」「耳」「口」それらが王（陽＝振動する光＝天照）となるところという意味です。つまり、感覚器官が集まり、振動を与える場所（心）こそ、もっとも聖なる場所であるということを表しているのです。

ここで、言葉や文字は人間が作ったのに、なぜこのように真理を表すことができるのかと不思議に思われるかもしれませんが、聖書のヨハネの福音書にも**「初めに言《ことば》があった。言《ことば》は神と共にあった。言《ことば》は神であった。この言は、初めに神と共にあった。万物は言によって成った。成ったもので、言によらずに成ったものは何一つなかった。言の内に命があった。命は人間を照らす光であった。光は暗闇の中で輝いている。暗闇は光を理解しなかった。」**とあります。

この記述は、私がここで述べてきたことの裏づけとなるものです。

初めに言葉が存在したので、言葉はその存在の本質を示しているのです。言葉が神で、万物は言葉によってつくられたのなら、そうでなければなりませんね。言葉を話すのは人間ですが、六芒星の中心が人間の心だとすると、そこには言葉を発する命があるはずです。

その命は暗闇だと私は述べましたが、その暗闇から光が産み出されるので、闇と光はけっして同時には存在しません。暗闇の中に光は留まることはできず、「暗闇は光を理解しなかった」という聖書の記述は、暗闇の中で輝こうとする光に闇は必ず打ち破られるため、暗闇は光を受け容れなかったという意味になり、それを裏づけるものとなります。

そしてもう一つ、聖書の中では「ことば」を「言（こと）」と表現しています。「こと」を数字で表すと「九・十」となりますね。同音異義語の原理から、九＝球、十＝自由と捉えると「〇と十」になり、コト（言）とはカタカムナマーク⊕になります。そしてその「球体」の中は「自由＝十」なんだよ！　と私たちに語りかけているようです。

ちなみに、カタカムナの八咫鏡の中心図象の形は、この「九（こ）十（と）八（ば）」つまり〇・十・八の小丸で表されていることがわかります。つまりこれが「言葉」を表していて、カタカムナウタヒは、このヤタノカガミの中から出てきて右回りの言葉の渦を描いているのです。

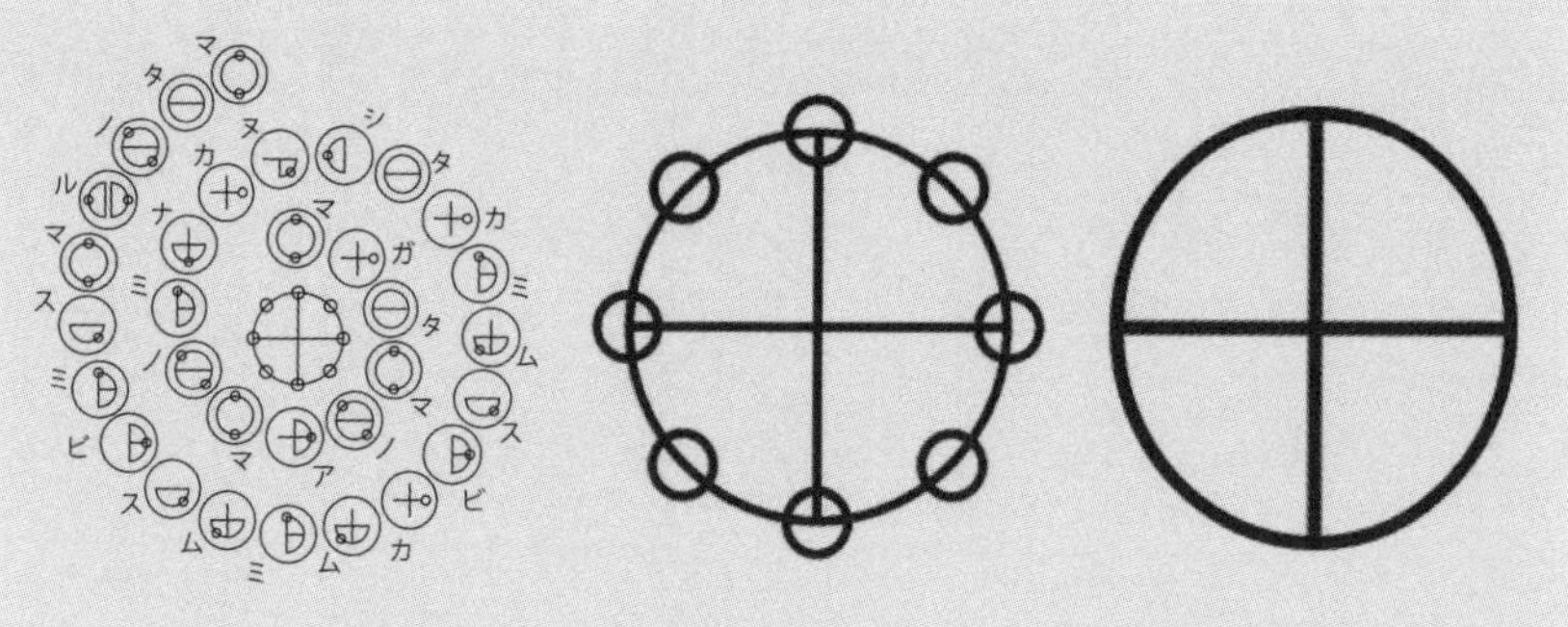

カタカムナウタヒは、中心にあるヤタノカガミから出て、右回りの言葉の渦を描いている。
言葉は九（球）と十でカタカムナマーク⊕になる。

この価値観は、突き詰めると、じつはユダヤ教、キリスト教、イスラム教、ヒンズー教、仏教、神道などに共通した概念に行き着くのではないかと思います。もしそうだとすれば、世界の宗教は同じことを言っていることになり、宗教は一つになることができるでしょう。

また、その至聖所は、数霊的には難解になるので解説は省きますが「六・九・十」が集まる場所です。これを「マ（6）コ（9）ト（10）」と呼びます。マコトは「真」であり、それを破字にすると「十・目・一・八」と分解できます。読み解くと、「統合した目の一つを引き合うもの」という意味で、▽と△が統合して重なった真ん中の六角形がマカバとして反対方向に引き合う一つ目を示唆していることがわかります。
六角形の「六」という字も、描いてみるとわかりますが、つなげると六芒星の形をしています。その重なった中心が「真（マコト）」という場所です。フリーメイソンなどの「ピラミッドに一つ目」はこの「真」を表しています。またもう一つの「誠」という字も分解すると「言うことが成る」と書いてあることがわかります。

つまり、「マコト」という場所は、**「言葉が現象化するトコロ(言霊)」であるということです。そして真であるとは、「思い」と「言葉」と「行動」が一致してブレがないことです。**

諦めない自分の「真」から出た思いは、言葉となり、「誠」となって、現象化の方向へと動き出します。つまり、真の心（ハート）から放たれた言霊の矢は必ず的を射貫《いぬ》くということでしょうか。

ハートを貫かれる

秋山　じつに説得力がありますね。ハートに矢の絵がありますが、それがつながるという意味だと知って嬉しくなりました。

私も最近、まさにそういう体験をしました。地球の裏側ウルグアイに住む桃子から電話があったとき、まさにハートを貫かれたのです。何の計算も打算もなく、ど真ん中の直球でした。それを投げられて貫かれ、婚約することになりました。そのときはまさに言霊の力で貫かれたのです。

吉野　そうなんですね！　そしてご結婚おめでとうございます！　お二人の幸せが周りの人々の幸せとつながって広がりますように……心から祈っています。

時には喧嘩もするでしょうが、それも楽しいですね。お二人の門出に際して、縄文時代の平和がどのようにして維持されたか少しお話ししたいと思います。参考になるかな？

カタカムナの時代には戦争がなかった

吉野　縄文時代は1万年以上も続いたといわれていますが、その期間、殺された遺体や武器がほとんど出てこないことから、戦争がなかった時代だといわれています。世界の歴史は古代から戦争の歴史であったといってもいいほどです。

なぜ、縄文時代には1万年以上も、戦争がなかったのでしょうか？　それほどの長期間、争いのない時代は世界のどこにも、どの時代にも見当たりません。

その意味で、縄文時代とそれ以前は人類史上にない特殊な文明が日本には存在したと言い切ることができます。何が特殊だったのか？


それは日本各地の遺跡で出土する縄文土偶を見ればわかります。そのほとんどが「受胎した女性」です。つまり、縄文人がもっとも価値を置いていたもの、それは「生命の誕生」だったのです。そうだとすると、その対極にある命を奪い合う「戦争」は、けっして起こしてはいけないものだったはず。そのために争わないという強い意志をもって、紛争解決にはあらゆる努力をしたことでしょう。

それも武力ではなく、愛と真と言霊によって……彼らカタカムナ人が命の構造を克明に解き明かしているのも、殺し合わないという決意によって、必死に辿り着き、悟った叡智の結果だったのかもしれません。お二人の叡智が、これからすばらしい歴史を築いていかれることを願っています。

体をもつ意味

秋山　言霊に力がありますね。本当に愛と真に従って嘘なく自分の意識、自分の言葉、行動を貫いて重ねていくことが大切なのですね。**それは仏教の世界では昔から身口意《しんくい》と言いました。身というのは体で行動を表し、口は言葉を表し、意というのは意志ですね。**どのような意識で言葉を発し、そのように行動するか、ここが問われています。

じつは意識というのは、肉体を去った後ももつことができますし、祈ることもできます。ところが言霊を発するということ、行動するということは、肉体をもっているときにしかできません。昔から死人に口無しといいます。

口無しというのは言葉を話せないということです。また体がないと行動ができません。祈ることや意識をもつことができても、肉体がなければ言葉も行動も表わせないのです。

今私たちはありがたいことに肉体をもっています。その肉体を使って行動するのも、意識と齟齬《そご》していたり、言葉と齟齬していたりしたら、それは力になりません。バラバラになったらかえって不都合です。バラバラになるくらいだったら、むしろ体をもたないほうがスムーズです。

もし体をもちながら意識と言葉と行動を一致して過ごすことができたら、すばらしい現《あら》人神《ひとがみ》になります。先ほどおっしゃった天皇のことですが、憲法では象徴天皇といわれていますが、これまでは私たちは陛下一人に頼っていました。

人を幸せにできる喜び

吉野 本当にそうですね。陛下に何かが起こるとだめになる日本では困ります。私たち一人ひとりが、陛下と同じ意識をもてば、世界の平和は必ず達成できるでしょう。
私たちが感じる幸せの中で、何がもっとも大きな幸せかと考えると、愛し、愛されることでしょうか？　しかし、なぜ、愛し、愛されたいのかというと、「自分が幸せになりたい」「愛する人を幸せにしたい」という気持ちがあるからだと思います。また、「愛され幸せになりたい」という気持ちと、「人を愛し幸せにしたい」という気持ちのどちらが大きく揺るぎないのかと考えると、私は、「人を愛し、人を幸せにしたい」という気持ちのほうがはるかに満足感、充実感があります。自分だけが愛され幸せでも、愛する人たちが哀しみ、苦しんでいたら心から喜べません。犠牲を顧みず何とかしたいという気持ちが湧き上がってくるはずです。

人間の最大の歓びは、人を幸せにできたときに感じられるのではないでしょうか。日本にも政治や経済など見ていけば矛盾や至らぬところはまだまだありますが、世界の他の国に比べて断然恵まれています。

これは若いときから世界各国を客室乗務員として訪れ、また、通訳として世界を頻繁に訪れた体験から、私の目に焼き付いているものです。世界中で理不尽な圧力や、差別、命の危険にさらされている人たちが以前にもまして増えてきています。一人ひとりが天寿を全うし、自分の使命を感じて生きる世界が実現しますように……。

縄文以前に、生命を尊ぶ思想によって生きていた日本人の心を今、再び蘇らせ、日本が世界で苦しむ人々を幸せにするという目的をもって生きる決意を固め、行動すれば、世界で日本ほど幸せな国はないのではと私は思っています。

上古代から縄文時代、世界史上初の人類の平和実験を言霊によって成功させた日本人が、今一度、同じ決意で立ち上がる時がまさに来たと、私は思っています。

意識と言葉と行動で自分の軸をつくる

秋山　意識と言葉と行動というものに一本の軸をしっかり通すことですね。そのときに自分の軸がしっかりないと通らないのです。自分は他の人の真似をしてもダメなんですね。それは嘘になります。嘘なく過ごすということは自分が軸をしっかりもってズレないということです。その自分が自分の軸にしっかりいるということをチェックするための鏡です。

すべて私たちは外側に見るものは自分の内面の映し鏡といわれますが、鏡（かがみ）というのは、神（かみ）の中心に我（が）があることです。

本当は鏡というのは、我神であることを見出すものであるし、自分が自分の中心軸から外れていって、いわゆる偽我、嘘が出てくるとそれがうまくいきません。その自分の偽我を取っていく、我を取っていくというところで神が体現できます。それには自分の振動、周波数を自分でしっかり見出す必要があります。自分が何をしたらいちばん自分らしいか、ということですね。

吉野　そうですね。ところで、秋山先生は今日は赤のマントを着ていらっしゃいますが、それはどうしてですか。

秋山　いろいろあって知り合いの方から僕の身を守るものとして赤いマントを贈られたのです。赤はグラウンディングの色でもあります。

吉野　日本の日の丸も白地に赤く、ですね。白という字は「百」から一を引いた字です。ということは白地の部分は「99」という意味になりますね。「次々と球となる」という意味で、九九理姫《くくりひめ》はその原理を知っていらっしゃる神という意味ですが、やはり「99」の山を意味する白山に祀られているのはそういう理由からでしょう。

そして赤（あか）とは、数霊が「43（エ）」になります。つまり「移る」という思念があります。赤がグラウンディングの色だとおっしゃいましたが、赤を着るということは、つまり球体の中心にエネルギーを移す「トーラスの穴」を空けるという意識でしょう。グラウンディングの数霊は「120」、つまりエネルギーをゼロにする数です。ゼロは99の中に1を呼び込み、百で反転を起こします。
日本の国旗「日の丸」がまさにそれを表していますが、そのエネルギーですね。それで、桃子さんとご結婚なさったんですね。「百」は「もも」とも書きます。また、桃の実の形は「陰陽」の姿を表しています。秋山先生は、自然体でエネルギーの動きを察知されるのですね。

地球は危機に瀕している

秋山　地球も今、反転させなければいけません。アマゾンやオーストラリアの火事を見ると、今反転を起こさないと危ない状況です。私たちの吸っている酸素を供給しているアマゾンの熱帯雨林の緑はもはや3分の1になっています。その原因は人の意識の乱れです。

吉野　その方法はわりと簡単だと思います。**地球の表面を変えるためには、地球のコアを変えればいいのです。**私たちの意識で。地球にある海や山や森というのはすべて地球の表面にあるものですが、その存在の循環エネルギーを作っているのは地球の中心にある核、コアです。

円を描くとき、私たちはコンパスを使いますが、中心の一点がなければ正確な円は描けません。その外円は、つまり中心の一点が生み出したもので、外側の円と中心点は同時に存在しているのです。

カタカムナのセミナーで、私がよく強調して伝える言葉は、「地球を愛し貫く決意」です。数霊が333になります。意味は「3（△）が次々と出る実体（△）」という意味で、「光（△）を創り出す光（△）」を私たちが地球のコアに送るということで

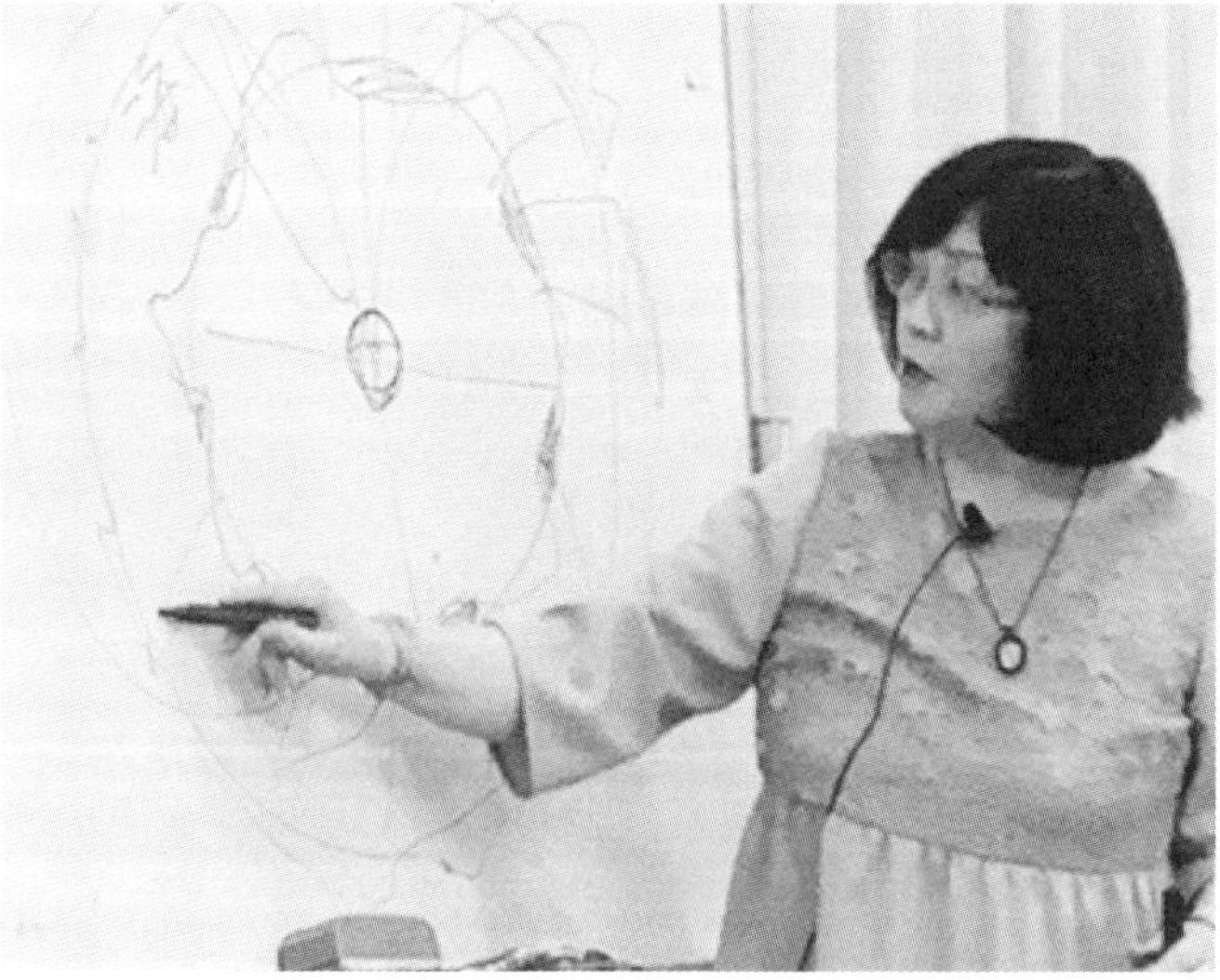

す。コアには、やはり三角形2つでできた六芒星が回っていてエネルギーを作っています。その中心に意識を合わせて、そこが大好きという愛を送り、地球と一緒になって生きるのです。

「今日も地球と一緒に回るんだ!」という地球と一体となった楽しい愛の意識です。ちなみにこの言葉の数霊は「369(みろく)」になります。そうすれば、愛に包まれた地球の核のエネルギーは、地球上のエネルギーの流れを変え、雷風や気候が変わり、アマゾンの原生林が復活する方向に向かうでしょう。なぜなら人間の意識が変ったからですね。そして自然を愛する集合意識がお金を愛する意識を上まわれば、アマゾンの原生林は戻ってきます。

水分が地球を循環し、意識を伝えている

吉野 地球の表面には海や川がありますが、水というのはそこだけではなく、私たち人間の身体の70パーセント以上を水分が占めているように、生物も植物も鉱物もほとんど水で成り立っています。大気にも水蒸気があり、密度が違うだけで水分という見えない粒子で

地球も、大気も包まれています。

じつは大気圏全体が見えない水分で覆われた海なんです。そして大地と大気圏の中間に浮かんでいる雲が、地球を包んで地上にきれいな水を供給し、水を循環させています。すべての生き物はその水を飲んで生きています。つまり私たち陸の上で生きている生物は水の中に住む魚なんですね。海や川の中とは水分の密度が違うだけです。

『天気の子』というアニメ映画をご覧になりましたか。あそこで少女は自由に空を飛んだりしていますし、そこには大空を飛ぶ魚も出てきますが、あれは永遠の意識が目覚める時期に来たので、ああいうアニメの表現がでてきたのだと思います。そして祈りによって雨をコントロールするという設定です。なぜなら意識で水分が動いているからです。これは太古から世界中で行われてきた雨乞いの儀式がまさにそれにあたりますね。

水の中で魚は自由に泳いでいますが、私たちも水蒸気という水の中に住み、水をいただいて生きる魚だと気がつくべきときなのでしょう。地球上の本当の海というのはこの大気圏、空なのです。なぜなら命を育む水は、すべて天の雲から供給されています。神道でいう「真名井《まない》の井戸」とは、本当は大気圏にある水分のことで、すべてが逆さまになっています。大地にある井戸は、空から降った水をただ受け取って溜めているだけですから、空から雨が降らなければいつかは涸《か》れてしまいます。

その地球の水分の粒子は、地球の核とつながって、その地球のエネルギーにより動かされています。カタカムナウタヒの中心図表の一つ「ミクマリ図象」とは、「勾玉」のことで、「ミクマリ」とは「水分」という意味です。

この水分に、光が媒体となって、人間の意識の振動を伝えています。「水分と光」。じつはこれが「陰と陽」という意味です。水分に記憶があるというのは、『アナと雪の女王2』のテーマでしたね。

ですから最終的に、私たちの意識が水分にのって地球の核に届いています。その核を動かしているのは、地表に住んでいる私たち人間の集合意識という構図です。**私たちの意識は、振動する光がチャージされた水分粒子で、私たちの集合意識の勾玉が実は地球の核のエネルギーを動かしているのです。**

全部が循環していますから、そのコアに愛、意識を注げばすべてが変わるのがわかりますね。一人ひとりの愛を共振共鳴させて愛の集合意識にすることで、地球のエネルギーを変える。それによって地球の意識が変われば地球は生まれ変わります。その結果、海も空も大地も、命に優しくなると思います。

地球も松果体もクリスタルでできている

秋山　じつは地球の中心にあるのはコアクリスタルです。松果体はこのコアクリスタルとつながっています。

吉野　クリスタルというのは珪素《けいそ》でできていますが、珪素の原子番号は14番、カタカムナの核の数字です。クリスタルとは水晶と書きますが、「水」はその字の輪郭が六角形になっており、「晶」とは日（根源）が3つあり三位一体を表しています。

珪素を含む松果体の「松」という字は「木＋ハ＋ム」と分解でき「エネルギーが引き合う六角形」という意味になり、「松」とはマカバの六芒星を表していることがわかります。

だから松竹梅の中で「松」がもっとも気高いとされるのでしょうね。

その意味で、クリスタルや松果体に含まれる珪素が、渦の中心の「トーラスの穴」の役割をしているのかもしれません。珪を破字にすると王（＝陽）が土・土（ゼロとゼロ）となり、そこが地球のコアとつながっていることは十分考えられます。

秋山　水はつながりやすいし、形も自在に変えますね。

安定する数字

秋山　綿棒ワークをしていると安定する数字は、3だったり6だったり、369だったりしますが、5というのは6にひとつ足りない。ひとつ足りないということは余地を残しているということです。他のものとつながったとき形を変える余地を残しています。

三角形は安定する形ですが、五角形は不安定な形であり、それを5つ並べていくと正二十面体になります。これが水の形です。水の形だけでなく、私たちの命の形というのはいつも変動しています。

命という字には叩くという字が入っていて、止まっているものではありません。光は広がっていくものですが、縮まっていく力を闇といいます。それはどっちの視点で見ているかということで表現が変わります。

広がる力、縮まる力のバランスでいろいろなものが創造されていますし、その状態を表すものでもあります。私たちはこの大きな地球に対して無力だと思っています。実際無力だったら地球は安全だったのですが、原子爆弾を作り、原発を作り、人が成したことが地球環境に目に見えて影響を与えるということを今、思い知っています。

では、その力をどのように使うのかということが、今、私たち一人ひとりに問われています。

369で動く球体原理

吉野　神聖幾何学は、それぞれ特有の振動数を発しているのでしょうが、最終的には球体になろうと動いているのではないでしょうか。

リンゴの皮をとぎれずにむいて上下にテーブルに置くと数字の9と6になる。
これは球体原理を表わしていて、この図を盾にしていたのが南九州の隼人族だった。

電子も月も地球も太陽も銀河系も宇宙もすべてがマワリテメグルしているため、その軌跡は渦を巻き、河原の石が転がって丸くなっていくように最終的には球体となっていきます。

球体の形とは何か、と考えてみるときにいいヒントとなるのは、リンゴの皮をナイフで一本にむくことです。途中で切れないようにつなげて上手に皮がむけると、テーブルなどにその巻き方向に沿って優しく置いてみてください。その皮は数字の「9」と「6」をつなげた形をしていることがわかります。

球体とは、じつは9と6という逆方向の2つの渦でできているのですね。だから地球の北半球と南半球の渦の巻き方は反対になっています。台風の渦、水が流れて作る渦、それらは北半球と南半球では逆だと学校でも学びましたね。その理由までは学校では教えてくれませんでしたが、じつは、球体そのものが2つの逆渦が中心の核で統合した形、つまり陰陽の形だったので、それは当然だったのです。

こう見ると、「陰陽」や日本の「巴《ともえ》」紋も球体原理を示していることがわかります。また、南九州に縄文時代から住んでいた隼人《はやと》族（熊襲）が使っていた「隼人の盾」は、まさに球体原理を流体として描き出していることがわかります。

また、もう一つ、沖縄の古い名称「琉球」も、まさにこの球体原理を表したものでしょう。琉球の「琉」の王偏は陽のエネルギーを意味します。つまり、陽のエネルギーが流れて球体となるという意味です。また、球という字自体「王＋求」となっており、陽（王）が求める形がその陰《かげ》を抱いた球体であることを示しています。

こう考えると古代の人たちは、すでにこの球体のヒミツを知っていて、その構造も、そのトーラスの流れも熟知していたと考えたほうがいいでしょう。そして九九理姫とはその

陰陽や日本の古くからある巴紋は球体原理を表わしている。

理屈を悟っていた姫のことでしょう。球体は、先ほど述べたように「99」で表されるからです。

しかし、球体を示す数が「99」だとすると、「96」では3足りませんね。その「3」は統合した核の中にあります。じつはリンゴの芯に当たる核は、カタカムナの正八面体とよく似た◇形をしています。その中に3が入っているのです。6が回って9のポジションに来るには3足りないので、◇の中の3が6にプラスされ9となり、半回転して9の位置に来ます。すると同時に9からマイナス3となり◇の中に3が返ってきて6になります。

こうして球体の6と9は、プラス3とマイナス3が行ったり来たりすることにより、回転を始めるのです。これが369のシステムです。つまり、なぜ、地球が自転しながら太陽の周りを公転しているのか、なぜ電子が原子核の周りをまわるのかを説明するものです。この循環のシステムこそ369の世と呼ばれるものだと思います。

綿棒ワークで立体意識を育む

秋山　信子先生が今日伝えてくれた大切なことは、私たちの本質は中心点にあり、その中心点で何を思うのか、その中心点の思いからどのような言葉を発するのか、私たちの中心点のある体からどのような行動を起こしていくのか、中心を意識し、そこから私たちが外側に影響を与えていく力をもった存在なんだということ、その力を愛と真で今変えていく時期に来たということですね。

そのときに中心と外側ということもやはり奥行きが必要ですから、立体です。平面の世界では、私たちは目に見えているものにとらわれがちです。でも、私たちの意識の中心のところ、立体でいうならばこの中心に本質があって、そこから放たれたエネルギーが外側に現象として現れるということを自覚するには、立体に身をもって取り組んだほうが早いのです。

このような意識を立体意識といいますが、この地球上の創造物はすべて立体でできています。少なくとも3次元ではそうですね。それなのに2次元の思考に慣れていると、私たちは結果に支配される世界にいることになります。

でも私たちの本質はこの中心にあるということに気づき、この骨組み、エネルギーラインを通じて周りを形作っていけるということがわかると、創造できる主体としての創造主、神としての力を取り戻せます。

信子先生は「私はいろいろな形の骨組みが見えるのよ」とおっしゃいます。綿棒ワークは、その骨組みが綿棒によって再現されるということです。同じベクトル平衡体でも、単なる立体型では表面しか見えないですから、骨組みが見えません。大事な中心からの骨組みが見えないのです。

でも綿棒で立体を作っていくということは、基本的に中心から作っていくことになるので、中心からの骨組みを意識するとともに、中心からどのように空間、エネルギー場を作っていったらいいかというシミュレーションができます。これは私たちが本来、神としてもっている力のシュミュレーションです。

ベクトル平衡体は正三角形と正方形から成っています。正三角形8枚、正方形6枚から成っているのです。しかも辺の数は、3×8＝24と、4×6＝24で一致しています。

これは正三角形と正方形で1辺を共有しているからです。正三角形というのは三角形の中で調和が極まった形です。

幾何学というのは図形の数学のことであり、「神聖」とは調和が極まったという意味です。すなわち神聖幾何学とは、調和の極まった図形の数学のことです。

カタカムナも数霊の世界が数学そのものです。形には数字がつきまとっています。正三角形には3点の頂点があるし、一辺の角度は60度です。

数学というのは数字でわかりやすいのですが、数だけだとイメージがしにくいですね。けれど立体の幾何学というのは、形を骨組みで捉えるので、形をイメージしやすいとともに、神聖幾何学というのはただの幾何学ではなく、調和が極まった、非常に対称性が高い、シンメトリーで整った形です。

整った形からは整った周波数が出ますから、そのエネルギー場が整えられます。

整ったエネルギー場を作り出そうという試みは、私たちが愛と調和の世界を作ろうというシミュレーションでもあります。このベクトル平衡体が、通称シードオブライフといわれるのは、生命波動を生み出すからなんですね。

すべての命はこのブロックを基礎とした拡張形でできています。ベクトル平衡体（シードオブライフ）は綿棒36本でできていますが、フラワーオブライフは660本です。この中心に同じ形がありますが、大きく見ると同じ形をしています。正方形の下に正三角形、正方形の横に正三角形、隣り合わせの図形はどこをどう回転させても、正三角形の横は正方形、正方形の下は正三角形となります。

では、何が違うのか。大きさが違います。シードオブライフでの正方形の1本がフラワーオブライフでは3本です。だから3倍拡張形です。2倍拡張形をツリーオブライフといいます。そして3倍拡張形をフラワーオブライフといいます。まさに生命の花です。

この3重のものを作ると、形が一応一周しますから、一通りの図形ができます。図形が周波数を生むので、一通りの図形を作ることでその周波数を体験することができます。これよりもさらに拡張していってもいいのですが、基本的にここまでを体験するといいと思います。

なぜ私がこの神聖幾何学をワークとしてやるようになったかということを話したいと思います。２０１７年、私はこのワークに出会ったのですが、ヨガやクリスタルボウルのヒーラーである井上靖子さんと古神道探究の礒正仁さんに勧められたというのが直接のきっかけです。

『黎明』の著者である葦原瑞穂さんが、「地球がいよいよ美しき緑の星から黄金に輝く星になるにあたって黄金のゲートをくぐる、その鍵としてこの神聖幾何学がある」ということをおっしゃっていました。

そしてその時を迎える前に葦原瑞穂さんは天に還られたのですが、礒さんは長年このワークに取り組んできたトッチさんと会ってそれを知り、またそれは古神道や日月神示の大元はこの神聖なる幾何学からくるものだということを知ったのです。日月神示の表現がそのような形になっていることから、その根源はここにあるのだと気づいて取り組むようになったのです。

その流れが私のところにも来ました。

私は弁護士として20年、また医学博士として10年、法律相談や健康相談を受けてきたのですが、10年やっていた健康相談は、私が一人でそれをやっていても病気になる人がいなくなることはありません。これはこのまま続けていってもいいのか、考えるようになりました。もちろん目の前で元気になっていく方を見ていくのはとても嬉しいこともあったのですが、人が人に頼るという依存関係を生むという危険性もあり、そこに依存が入らないように私はいつも注意していました。

本来的には、自分の状況については自分が責任をもつ自己責任が本筋だと思っていたところに、この神聖幾何学に出会いました。そして神聖幾何学に向かい合うと、自分の手でワークすることで自分の内なる美しさ、尊さ、すばらしさ、内なる調和のエネルギー、愛のエネルギーを思い出し、表現していくきっかけになることに気づきました。

その頃、悪性リンパ腫の末期の方に、このベクトル平衡体とマカバを合体した陰陽統合の形をもっていただくと、1ヶ月ちょっとで癒されていくのを目の当たりにして、健康相談をするよりこのワークをお伝えしていくほうがいいと思うようになり、綿棒ワークショップをやるようになったのです。

対称性の高さから感じる調和

秋山　球というのは完全な立体です。平面だと円が完全な平面です。それは対称性が高いといいます。対称性が高いものを私たちは感性で美しいと感じとるセンサーをもっています。その対称性というので円を、球を作りたいのですが、いきなり円や球は作れません。上も下も横もどこから始めていいのかわかりません。

ところが直線で始めて近似値として円を追求していくということであれば、直線は1から始められます。それは自然界で黄金螺旋的に見えているもの、じつはフィボナッチ数列というところとつながっています。

フィボナッチ数列というのは、黄金螺旋の近似値として知られているところで、1、1、2、3、5と続きますが、前の2つを足すと次の数字になります。このようにやっていくと黄金螺旋の近似値が出てきます。これをフィボナッチ数列と言います。これだと1から決められます。

近似値というと何か誤差の世界で、誤差を嫌がる気持ちもわかりますが、誤差があってこそエネルギーが流れるということがあります。

例えばベクトル平衡体ですが、完全な対称性で作ってしまったら中心からエネルギーが流れないのです。どっちに行ったらいいかわからないからです。ところが多少の傾きがあると、エネルギーは高いほうから低いほうへ流れるという法則があるので動き出します。ちょっと動けば、グルグル循環して回ります。

私たちの顔もシンメトリーとして対象的に作ろうとしていますが、厳密には対称的にはなっていません。体の多くも対称的はありますが完全対称ではありません。ある程度整った形でこの形に入って欲しいというのがあります。そうすればこのエネルギーの流れができます。でも誤差が大きすぎると形なりません。

綿棒で形を作っていく際も、歪みが大きくなりすぎると形はうまくできません。

ある一定の計算された誤差のことを公差といいますが、その公差の範囲で収める、ある一定の幅で調整するということが大事です。完璧にやろうとすると、何もできなくなります。完璧主義の人というのは、自分は完璧ではないという妄想から何か完璧にことをなそうとして何もできなくなってしまう人です。今のすでにある自分というものを認めて、今で完璧なんだと開き直って動き始めれば事は起きます。事が起きたことを自分の打ち出す鍵として気がついていけばそれでいいのです。

また綿棒ワークで形を作っていくと、自分の作り出した歪みが目に見えます。その歪みに気づけば、それをただ修正すればいいのです。でも、その歪みに気がつかなければ、修正することができません。私たちは結果として美しい形を作るのが目的ではなくて、その形を整えていくプロセスを味わい、楽しむ。そこに気づき、学ぶ、それが綿棒ワークの醍《だい》醐《ご》味《み》です。

その体験を楽しんでください。

美しい形を作ろうとか、外から形を見るのではなく、内側の中心から何を表現したいのかということを意識して取り組んでいただければ楽しいものになります。体験していく中でそのエネルギーを感じてください。

命の種、シードオブライフ

秋山　綿棒ワークショップで最初に作るのはベクトル平衡体、いちばん小さいシードオブライフ、生命の種です。この生命の種は、フラワーオブライフの中心に入っています。そのほかにツリーオブライフがありますが、その元となっているのがシードオブライフです。作り方はどんな作り方でも大丈夫です（第2章で詳しく説明していますので、ご興味がある方はそちらを先に読んでいただいてもかまいません）。

シードオブライフのいちばん大きい平面は六角形、正三角形が6枚です。この正三角形をていねいに作りましょう。綿棒同士がくっつく点を均等につけて、きれいな正三角形を6枚くっつけていきます。綿棒の先は厚みがありますので、きれいにつけていくと、その中心の穴も六角形になります。正三角形、正四面体をきれいな形を作っていき、横をつないでいくと、頂点にも正三角形ができます。

ベクトル平衡体の特徴は、正三角形と正方形が全部隣り合わせになります。辺をすべて共有しています。正三角形同士と正方形同士は頂点でつながりますので、反対にしたときに正三角形の上に正方形、正方形の上に正三角形が来るように組み立てていきます。正三角形の上にもう一度正方形を立てると、違う図形になります。

吉野　今まで出てきた神聖幾何学の名称は、①正四面体、②星型八面体、あるいはマカバ、③正八面体、④ベクトル平衡体、あるいはシードオブライフ、あるいは命の種、⑤フラワーオブライフ、⑥ツリーオブライフ、またの名を生命の樹など、たくさん出てきましたね。神聖幾何学をカタカムナの数霊ではどう読み解くのでしょうか。「シンセイキカガク」の数霊は152になり、その意味は「飽和する振動」で「三種の神器」と同じ意味になります。混乱するのでここで一つずつカタカムナの数霊で計算して特徴を見てみてください（72ページ参照）。

秋山　信子先生が言われたことをただ聞くだけでなく、自分で形をじっくり見て、自分がそこから何を感じるのか、何を見出せるのか、それが大事です。もちろんこのような見方を聞いてインスピレーションがつながるとは思いますが、単に情報に頼っていてはいけません。

すべての源は神聖幾何学なので、大自然の中の花を美しいと見出せたならそれでいいのです。例えば五弁の花があるなら、そこには正五角形が含まれた立体がある、そうした原理を自分で見出せるようになります。

綿棒ワークをしていると、空間の中にある神聖幾何学が感じ取れるようになります。センサーが研ぎ澄まされてくるからです。今取り組んでいるベクトル平衡体は生命波動の基礎単位なので、それに親しんでいると命の振動と響きやすくなります、共振共鳴して。

私たちは実はみんなつながっています。それをワンネスといいます。ワンネスでつながっているといっても、何か糸でつながっているように物理的につながっているわけではありません。じゃあ何でつながっているのか。それは周波数で響き合っているのです。

周波数、波動の原理の一つとして共鳴の原理というのがあり、同じ周波数同士だと共振共鳴、レゾナンスというのを起こして増幅するという性質があります。周波数がズレていると素通りして響き合いません。何かこの人と波長が合うというのは、周波数が合っているということです。何か響き合いますから、波長の合う人と会っていると元気になってき

カタカムナの数霊で読み解く神聖幾何学

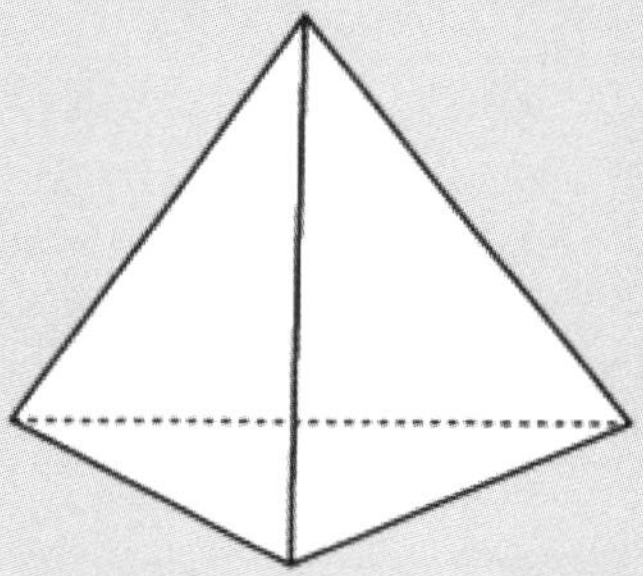

【正四面体】
１５３
（三角数、飽和する光＝陽）

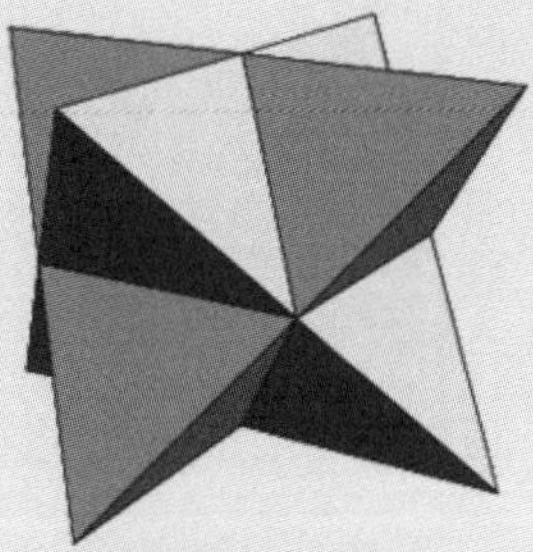

【星形八面体】
２２９
（振動エネルギー）

【マカバ】
－１１
（今を容れるもの）

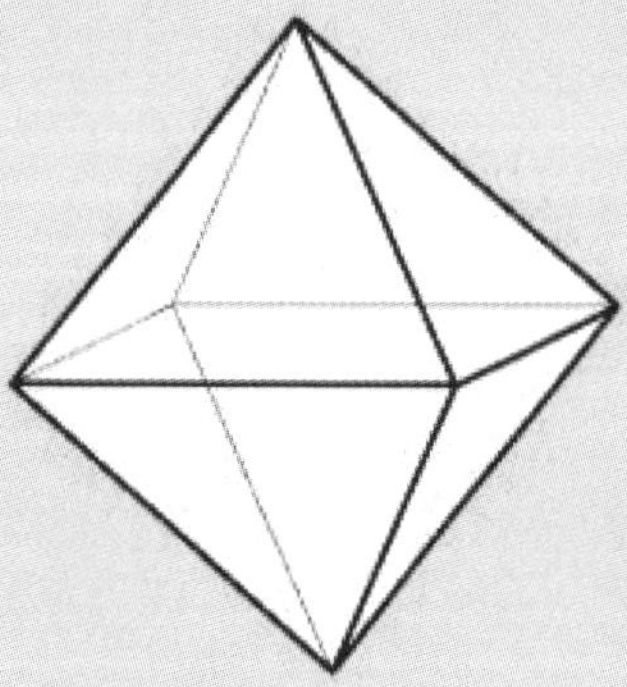

【正八面体】
１９９
（生み出す発信放射＝子宮・心）

【ベクトル平衡体】
１１１（次々と根源から出る根源）

【シードオブライフ】
８２（離れる振動＝開放）

【命の種】
１４４（核が新しくなる＝イエス・キリスト）

【フラワーオブライフ】
１１６
（引き寄る六角形）

【ツリーオブライフ】
１２８（留まり、離れる＝トーラス）

【生命の樹】
１０５（「目＝統合」から伝わるもの）

ます。それはエネルギーを奪い合っているのではなく、与え合うからです。片方が元気になると両方が元気になります。

このときにはエネルギー保存が起きるだけでなく、共振共鳴が起き増幅していきます。増幅していく様子を音でいうなら倍音といいます。スピーカーとマイクが近づくとハウリングを起こしますが、それは周波数が一致して共鳴現象が起こるため音量がどんどん大きくなっていくのです。**この369のシステムというのは共振共鳴、倍音で増幅していくという安定的に発展していく世界です。**

私はこのシードを何回作ったかわかりませんが、作るたびに発見があります。慣れてくると美しく作りたいと思うようになります。美しい、美とは何か。美とは調和だともいわれています。例えばこの頂点、12本の綿棒がどの方向から見ても対称的であるように作ります。このベクトル平衡体の特徴はどの12点でも頂点は同じ形です。正三角形が基礎ですが、12方向の対称性にあり、この頂点は球上にのっています。

このベクトル平衡体は作りやすい基礎単位でもあります。だから命の種、シードオブライフといいます。この単位が命の単位です。すべての命は一元であるというのは、この形態が生み出す周波数で響き合っているからです。これに取り組んでいると、自分の命の波動と共鳴の原理が作動して、自分の内なる自然治癒なるものが発動します。微細なソマチッドというものから大きなものまでこの単位でできているので、みんな命としてつながっていくからです。

ベクトル平衡体の綿棒が何本あるかというと36本です。ここにもミロクがあります。そして球体として完結しています。完結しているものの本数を数えていくと、ことごとく369の倍数しか出てきません。マカバという形も綿棒36本です。この2つは陰と陽で同じ形の方向違いというのも面白いですね。

陰と陽、ベクトル平衡体は安定していますが、マカバは外側に飛び出ているのでちょっと不安定です。ベクトル平衡体は中心があって、頂点の数が12本。中心が綿棒12本でつながります。中心から12方向あって、頂点は全部同じ形をしています。だからここからどこまでも拡大していけます。

もうひと回り大きい2重構造になった1辺が綿棒2本でできた平衡体がツリーオブライフです。これがもうひと回り大きくなった1辺が3本になったのがフラワーオブライフです。さらに4重構造、5重構造と、どこまでも拡大していけます。

吉野　ベクトル平衡体（命の種）の頂点が12本というのは、時を表していますね。6の倍数はトキです。60分、12時＝0時というように。

秋山　このフラワーオブライフを作っていくときは、このシードオブライフが13個あれば、13個組み合わせて間を綿棒192本で埋めていってもできます。13というのは頂点が12個ですが、中心を合わせると13個になるからです。

吉野　そうなんですか。13とは勾玉の数霊ですね。勾玉は陰陽を意味します。

また、マカバの中には正八面体が入っていますが、ここをカタカムナといいます。またここを「今」といって、心はここにあると説いています。さらにシードオブライフ、命の種の綿棒が36とは、「核」という意味の数霊ですね。

秋山　陰と陽の形が常に相互に入れ替わっているのですね。プラスとマイナスが入れ替わっているというのは電気の交流と同じです。プラスとマイナスが常に入れ替わって、ついたり消えたりしています。それは永遠循環で、片方が陰で、片方が陽と固まってしまっていると電気は放電して切れてしまいます。ところが常に相互で変わっていると常についている状態になります。

私たちも頑張りすぎたら休まなければなりません。充電して放電するという循環の中にいればいいですね。

先ほどの生命波動で響き合っているということについてですが、私たちが光そのもの、愛そのものだということを自覚し、そのような意識をもち、言霊を放ち始めると、命の周波数と共振共鳴で響き合い、生命エネルギーの循環の中に身を置けます。私がなぜ食べ物や水を食べなくても命を維持できるのかというのは、そのエネルギーの循環の中に身を置いているだけですから、本来、誰でもできます。

そこで自分が愛であることを忘れ、愛を放つのを躊躇すると、本来自分のエネルギー100を放てば、100戻ってきますが、出し惜しみをして90しか放たないと、0・9になってしまいます。そうすると回るエネルギーが小さくなってしまいます。自分が愛そのもの、光そのものであると自覚し愛を放射する。くださいくださいと命乞いをするのではなく、自分のすばらしい命を役立てて巡回しようと思い切ってやることですね。

放った分だけ補われるというのは宇宙の法則です。そのすばらしい命の循環が規則正しくいくと、回ったところが重なっていきます。その重なった音が倍音の世界ですが、それが安定的に増幅したのがミロクの世界です。

最初に三角形を作りましたね。それが安定した世界です。ヒフミ、実になるミ、3というものを作って三角形の上に三角形を増やして六角形を6個作ったら一周したと思います。5だと一つ足りない状況ですが、6になると次の安定です。3と6では何が違うのか。奇数というのは尖っていて偶数というのは丸まっています。実際三角形は尖っていて六角形は丸みを帯びています。奇数が男性であり偶数が女性です。3プラス6は9ですね。ミロクというのは安定して、しかも発展していく形です。陰と陽というのは新しいエネルギーを生んで発展していきます。

霊的な存在として表現していく時代

秋山　私たちは令和の時代に入り、いよいよ霊性第一、霊的な存在として身を表現する時代になりました。**霊的なものは目に見えない波動の世界です。私たちが、分御霊として、波動の分けられた存在です。私たちが肉体に目を奪われ肉体意識として生きたときは偽我の世界です。**

でも本当に自分の魂の光の部分、このベクトル平衡体でいうならば、中心のところから自分らしい光を放つと、もともとは一つのものが分けられたものなので、ぴったり合うしかありません。

その霊的存在として身を表せば和するという言霊の意味になります。いよいよ令和２０２０年の東京オリンピックに向けて、私たちが調和の存在であることを取り戻す、「和をもって尊し」を日本から調和のエネルギーを放つ、それが起点となって地球を覆い、宇宙を覆う、これが宇宙の計画です。

オリンピックのときは世界から選手団が日本に集まります。また終われば帰っていきます。集まってくるときとか、終わって帰るときとかにはラインが結ばれます。頂点と頂点の間にはラインが結ばれています。このラインがエネルギーの流れです。今日この場に集まっている人たちは集まっているだけでなく、どこから来たのかで実はエネルギーラインが結ばれます。私たちは光の存在なので、光のラインをどんどん作っていけばいいのです。

信子先生が動きなさいと言いました。動くことで光のラインは結ばれていくということです。自分が何か魂から突き動かされることがあったら思い切って動いてみる。動いたらどうなるかと考えていたら動けなくなります。私たちの内側にこの神聖幾何学は必ずあり、外にあるものは鏡です。内側にあるものが出てきたのです。

この綿棒ワークをすることで内側が外側に出てきます。なおワークをしているときは内側を見ていますので瞑想です。やればやるほどきれいな形になってきます。そのプロセスが大事です。

目の前にあるものを大事にしつつ本当に心の中心から何を望むのか、そこに目を向けていただいて、そこで感じたものを行動に移してください、表現してください。

吉野　私は昨年『カタカムナの時代が到来しました』という本を出しましたが、まさにそのことを語っています。お読みでない方はぜひお手に取ってみてください。

第２章

綿棒で神聖幾何学を作る・感じる

秋山佳胤

ベクトル平衡体（立方八面体）

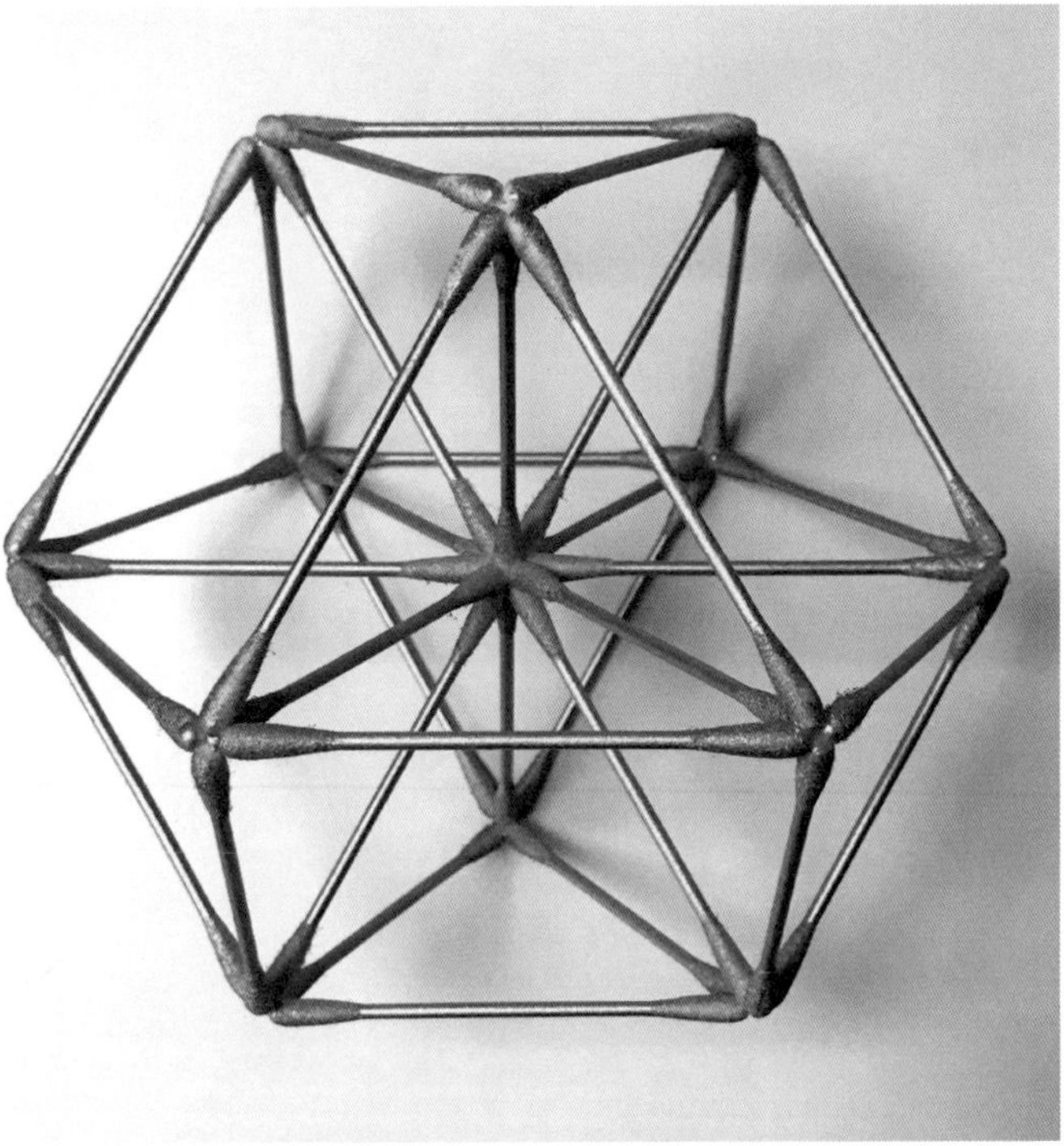

ベクトル平衡体は正三角形8枚、正方形6枚で構成され、12方向に対称性がある。

また相似形で無限に拡張可能である。命の種、シードオブライフと呼ばれるように、生命波動が高い。

綿棒36本使用。

◆ベクトル平衡体を作る

平面は立体に比べてかかる重力が少ないので、立体を作る際は、最大平面から作ると作りやすい。６つの正三角形が入った正六角形、ここが最大平面である。ひとつおき、３つの三角形の上に正四面体を作り、その横をつないでいく。それから上下を逆にして、同じことを繰り返す。正三角形と正四面体が基礎なので、そこを正確にていねいに組み立てていくことが大切。

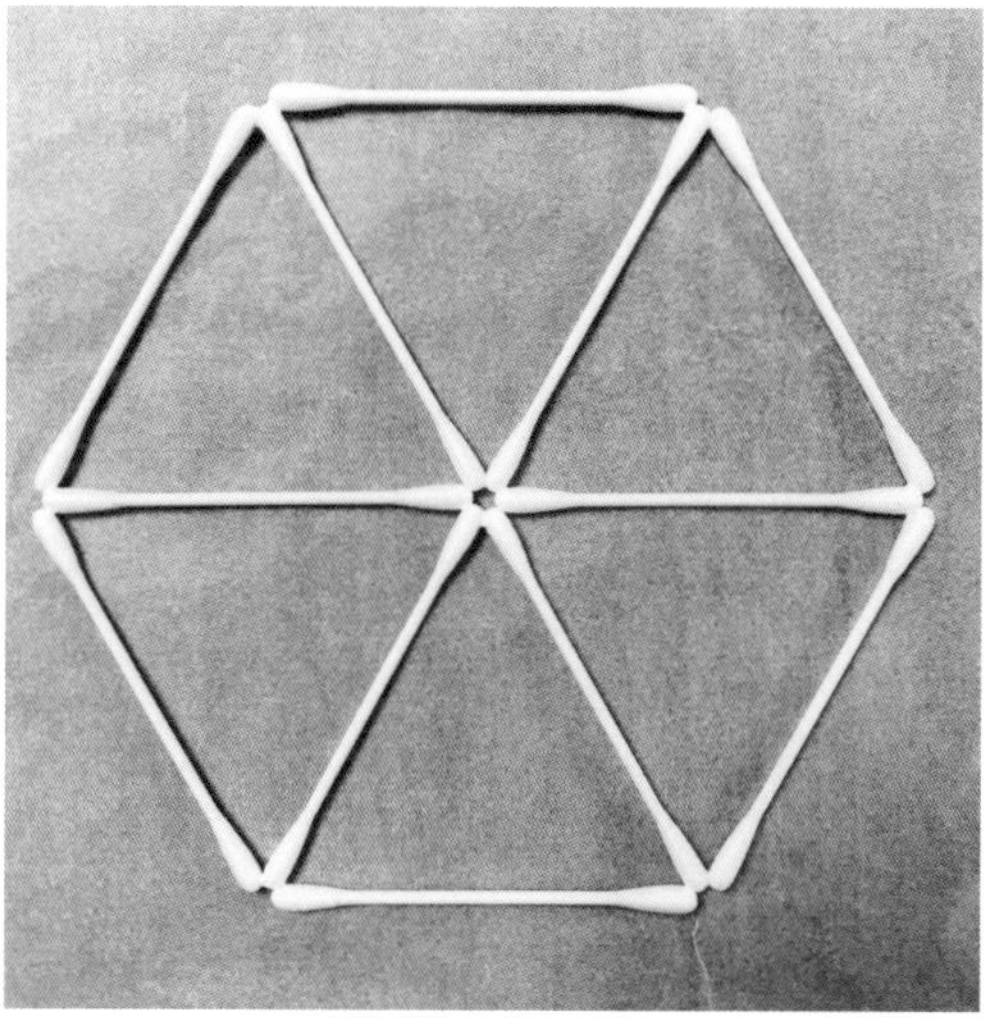

マカバ（星型八面体・立体六芒星）

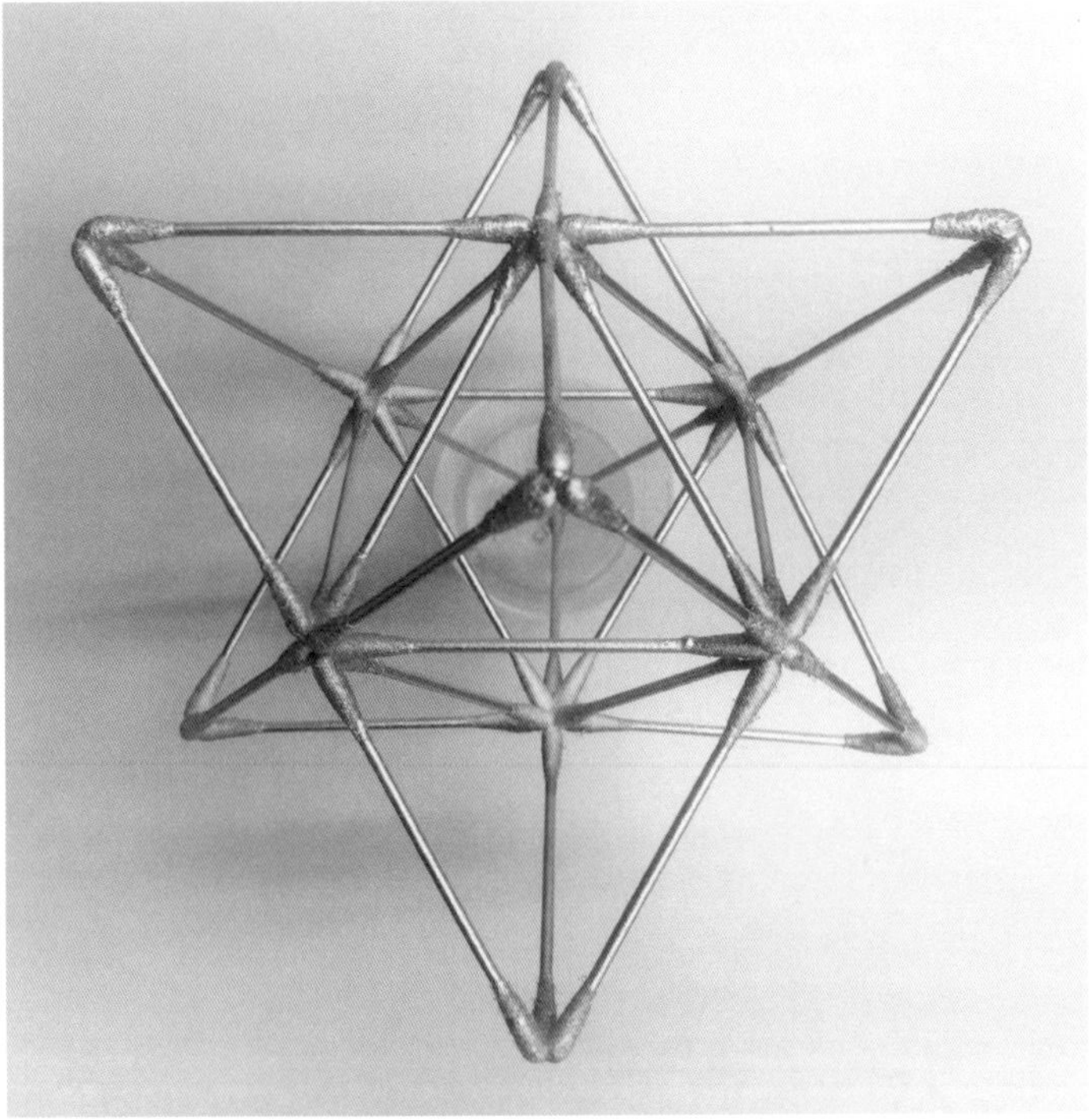

マカバは、正三角形を立体化した2つの正四面体を上下逆に重ね合わせた形である。ダビデの星ともいわれる。綿棒はベクトル平衡体と同じ36本。

◆マカバを作る

まず平面に４つの正三角形を入れた三角形から作り始めるとよい。次に外側３つの正三角形の上に正四面体を作り、その上に正四面体を作り、大きな正四面体とする。

ベクトル平衡体とマカバの組子

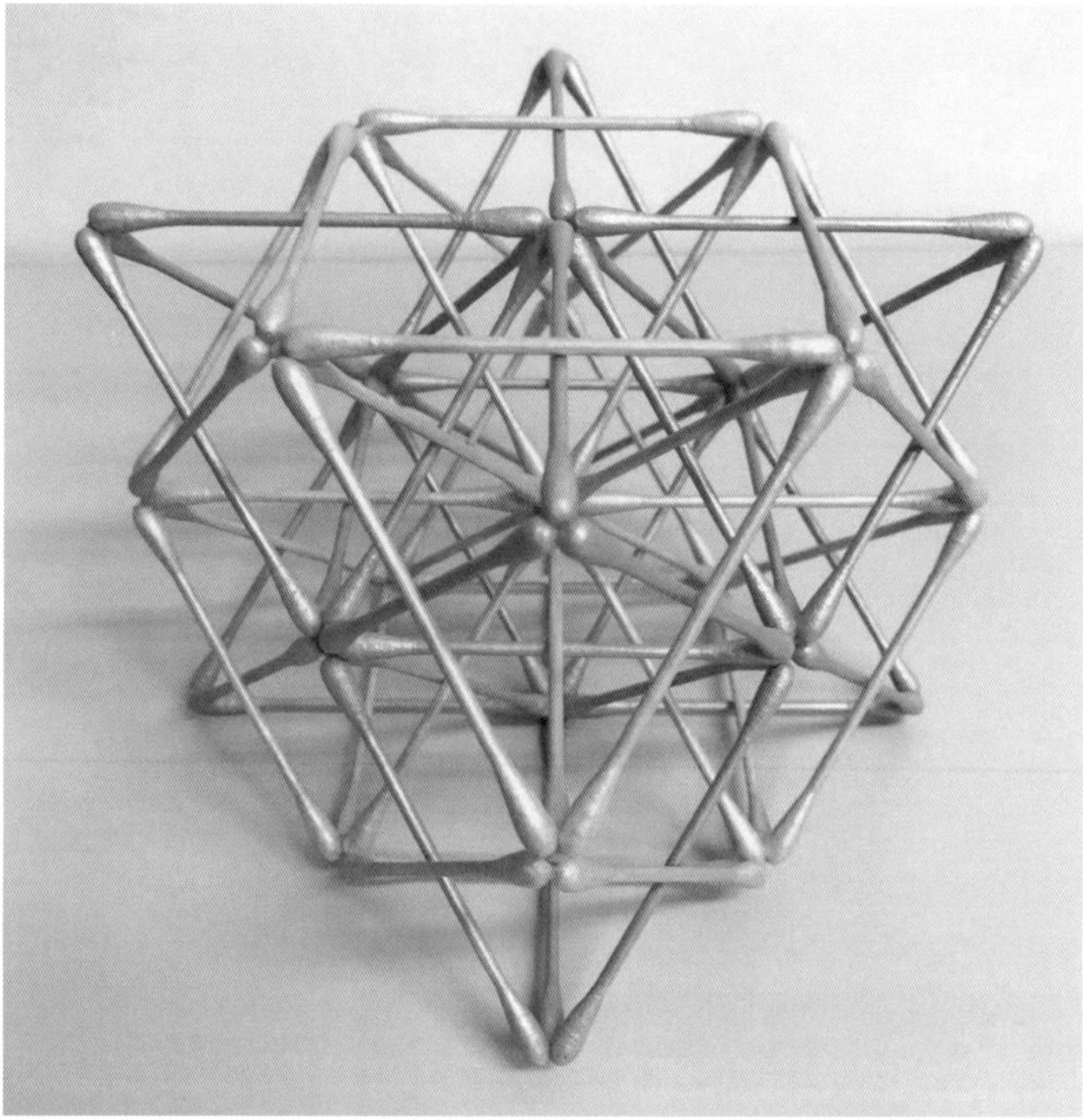

ベクトル平衡体のエネルギーは陰で、マカバのエネルギーは陽である。したがってこの2つを組子にしたものは陰陽統合の形となる。

綿棒は36×2＝72本。

同じ組子も、見る視点を変えると、まるで違った形に見える。

この組子を作る際は、まずベクトル平衡体の最大平面の上に、マカバの４つの正三角形をのせたところからスタートするとよい。

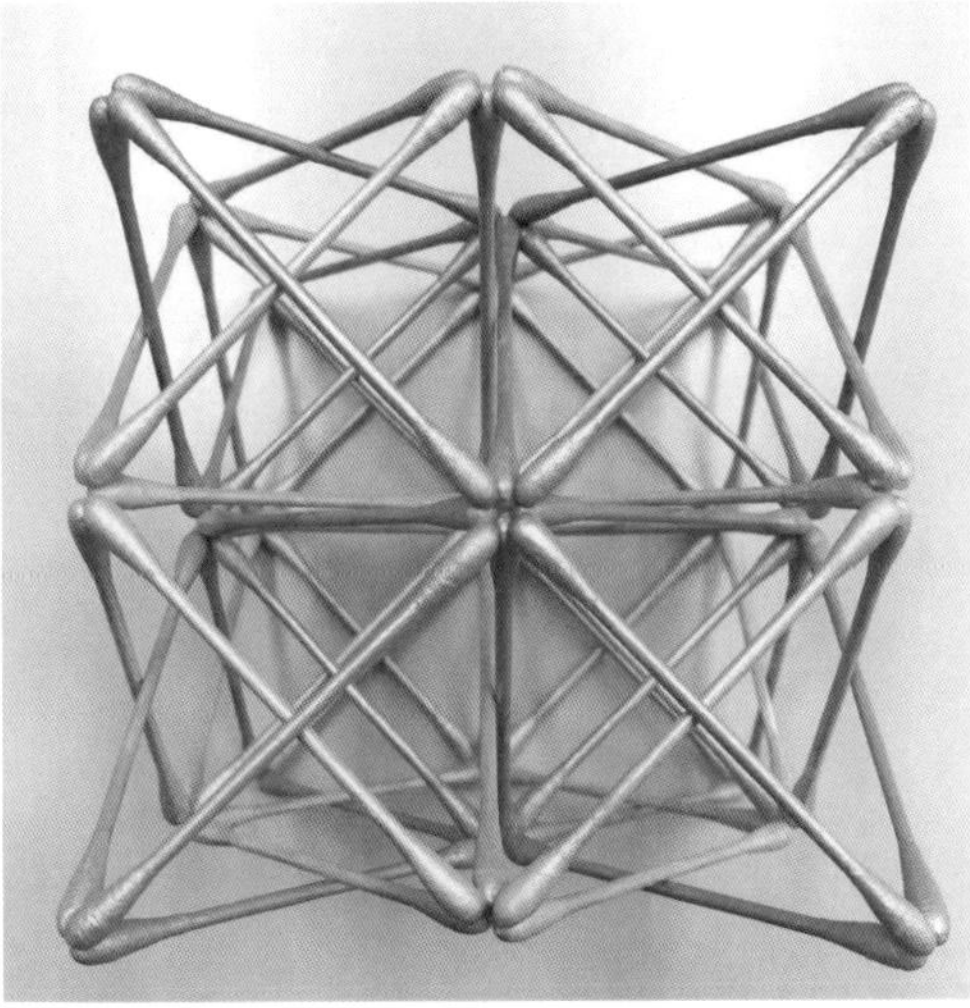

ツリーオブライフ

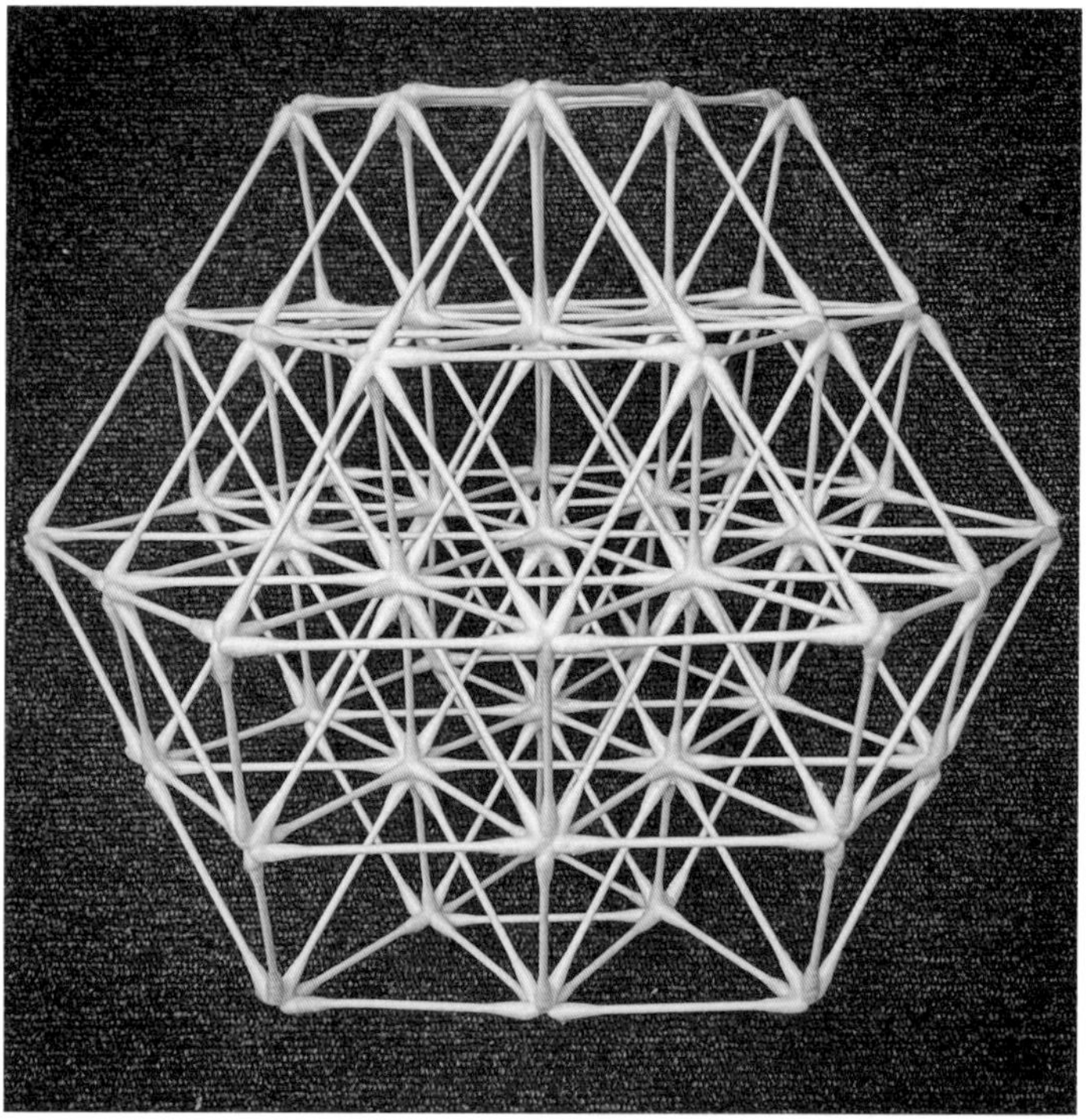

ツリーオブライフは、ベクトル平衡体の一辺が綿棒２本から成っている。
使う綿棒は２１６本。

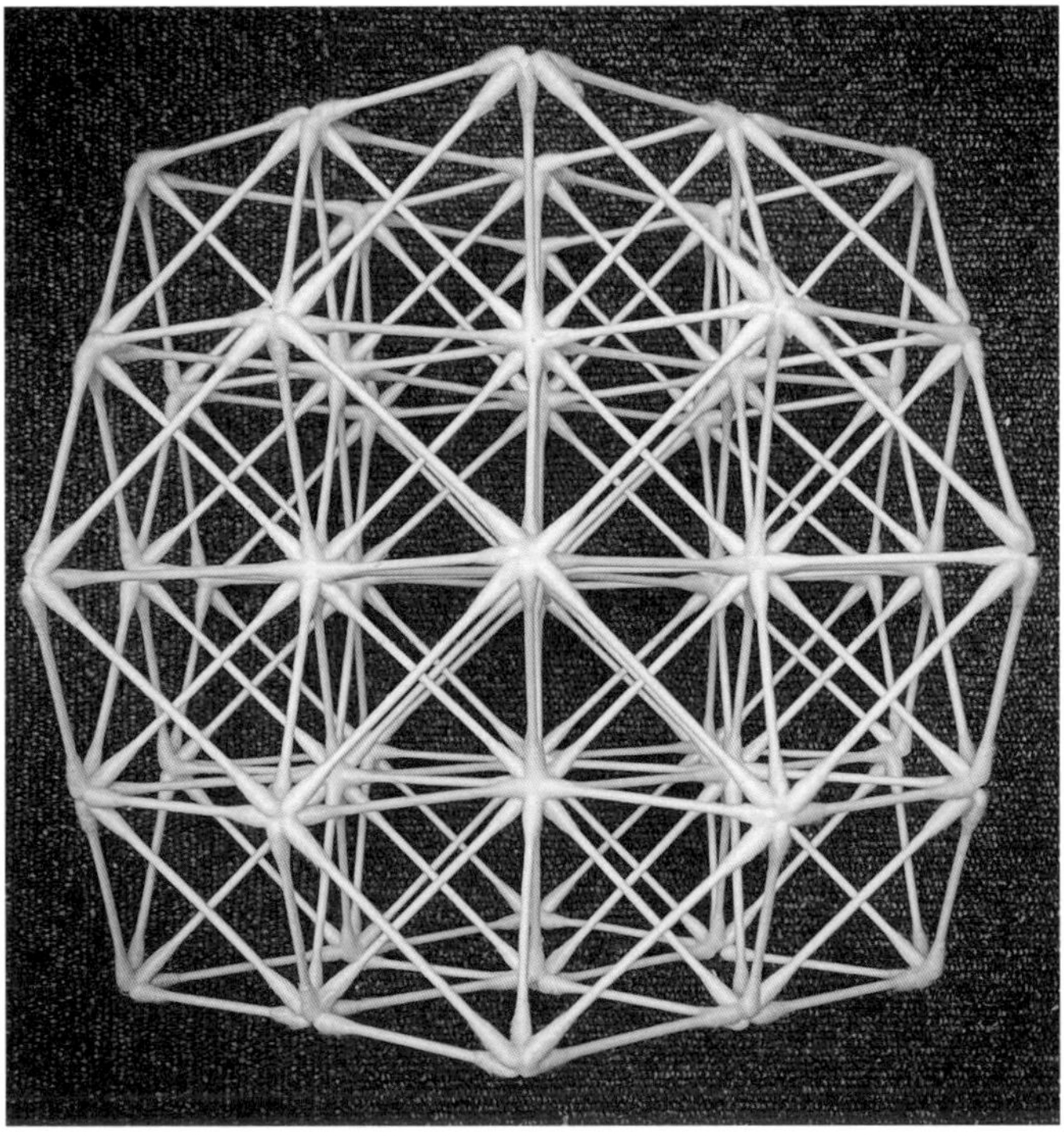

シンプルな構造だが、見る角度でこんなに大きく形が異なって見える。

それぞれの視点を大切に、尊重することが大事である。

フラワーオブライフ

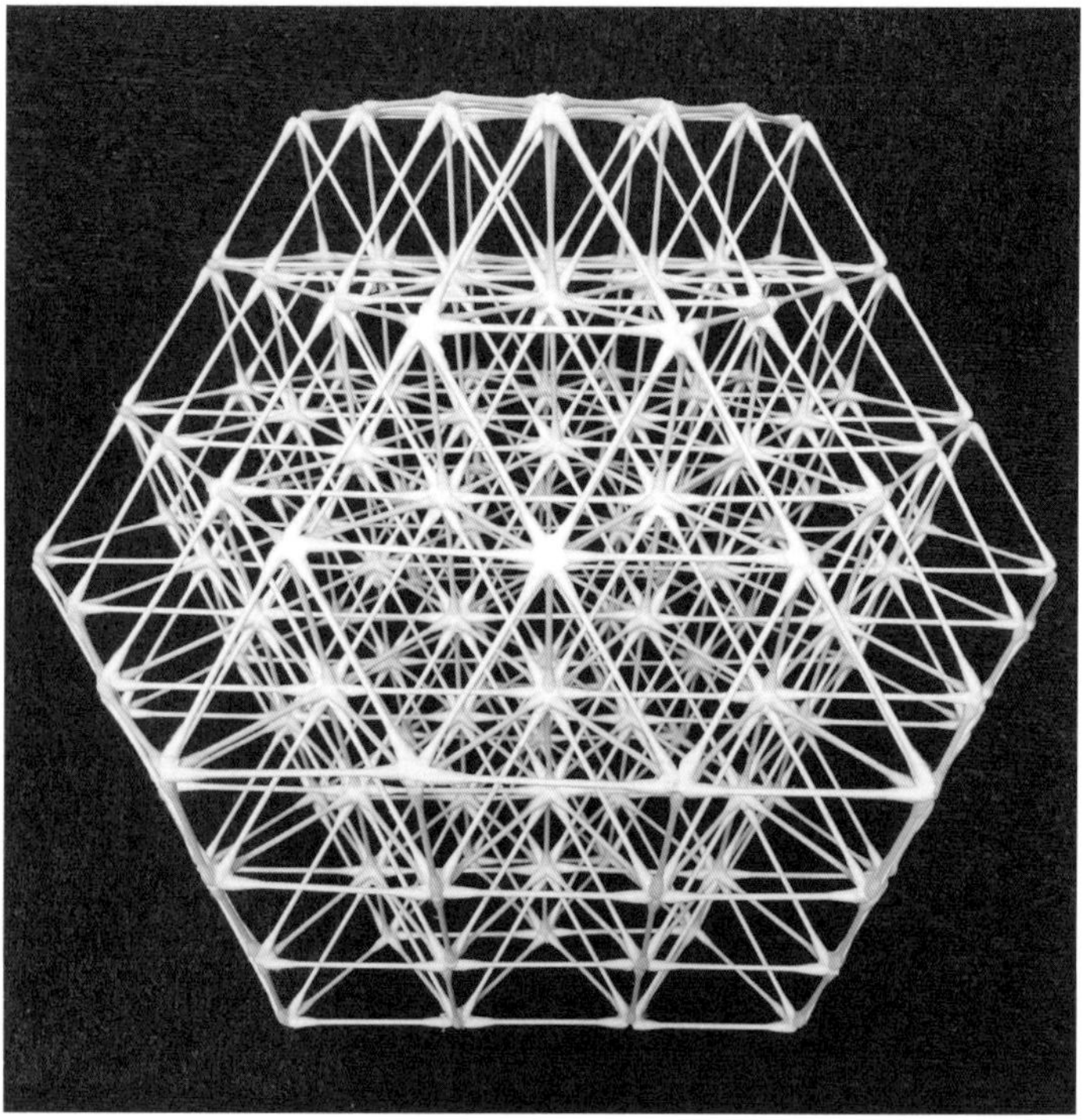

神聖幾何学の頂点にあるのが、この立体フラワーオブライフ。シードオブライフを3倍に拡張したもの。

使用綿棒は660本。

フラワーオブライフ3段重ね

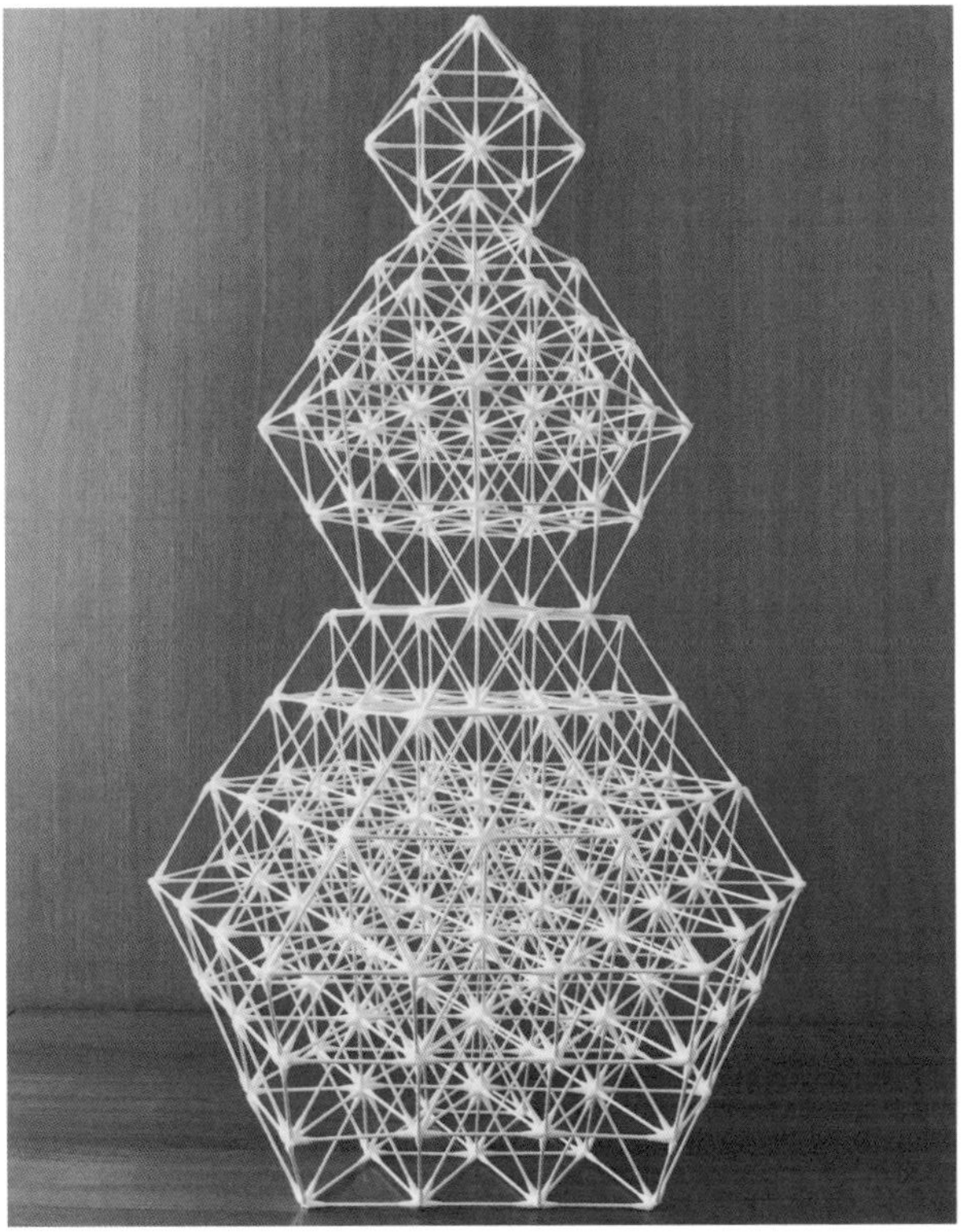

いちばん下に、綿棒660本のフラワーオブライフ、その上に綿棒216本のツリーオブライフ、そのいちばん上に36本のシードオブライフ（ベクトル平衡体）を置いている。相似形を成しているので、無限に拡大していくことが可能。

手毬フラワーオブライフ

1本の綿棒の代わりに4本の丸みを帯びたパーツを組み立てていくと、形が丸みを帯び、より球に近くなる。神社の狛犬が手にしているものも同じで、日本でも古くから神聖なものとして扱われてきた。

綿棒は660×4＝2640本。

手毬パーツ

綿棒を丸いカンなどに押しつけて丸みを作り、４本を組み立ててパーツを作る。
（この写真は底面部分なので３本のパーツとなっている）

プラトン立体

プラトン立体とは、正四面体、正八面体、正六面体（立方体）、正二十面体、正十二面体の5つ。それぞれにエネルギーをもち、正四面体は火、正八面体は空気、風、正六面体は土、正二十面体は水を表している。

プラトン立体の残るひとつは正十二面体。これは神秘的なエーテルのエネルギーを表している。五角形を綿棒で作る際は緩いので少々工夫が必要であり、また出来上がった形も壊れやすいので、これは中に補強を入れたもの。

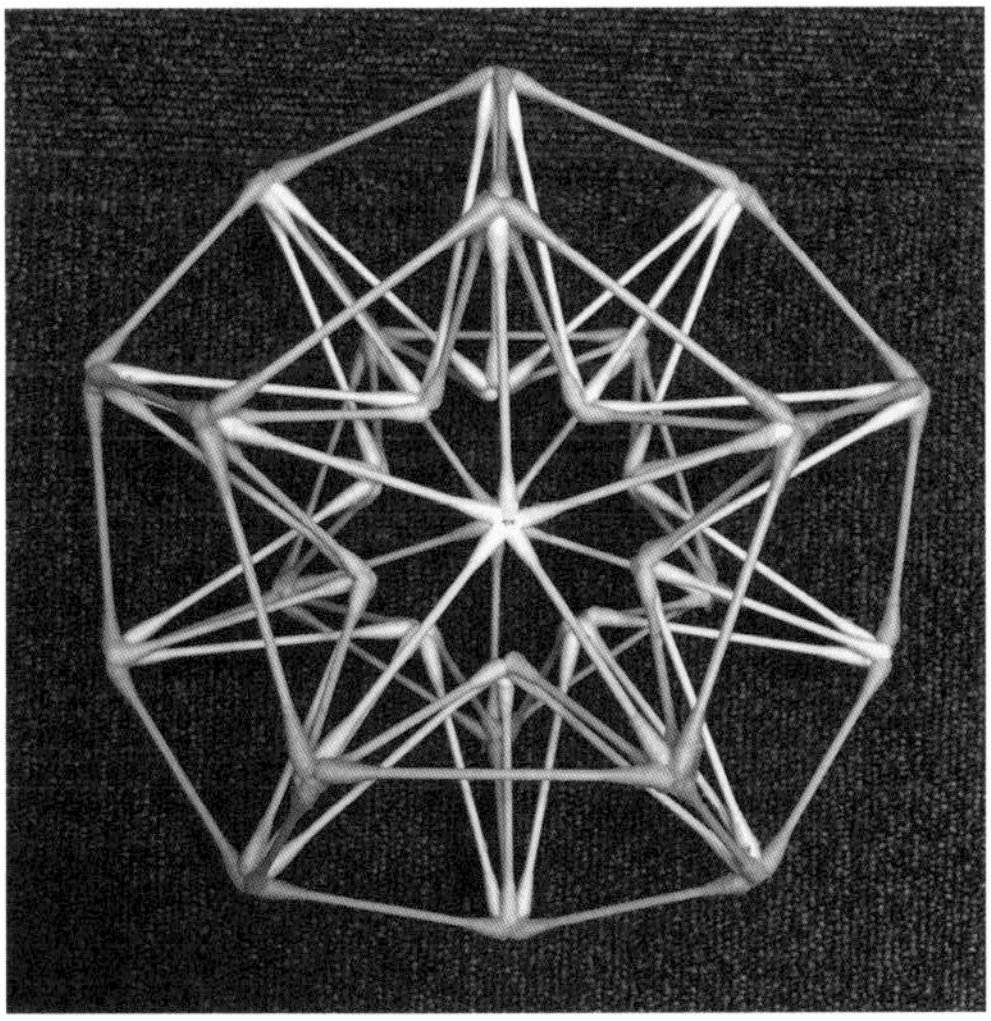

一霊四魂

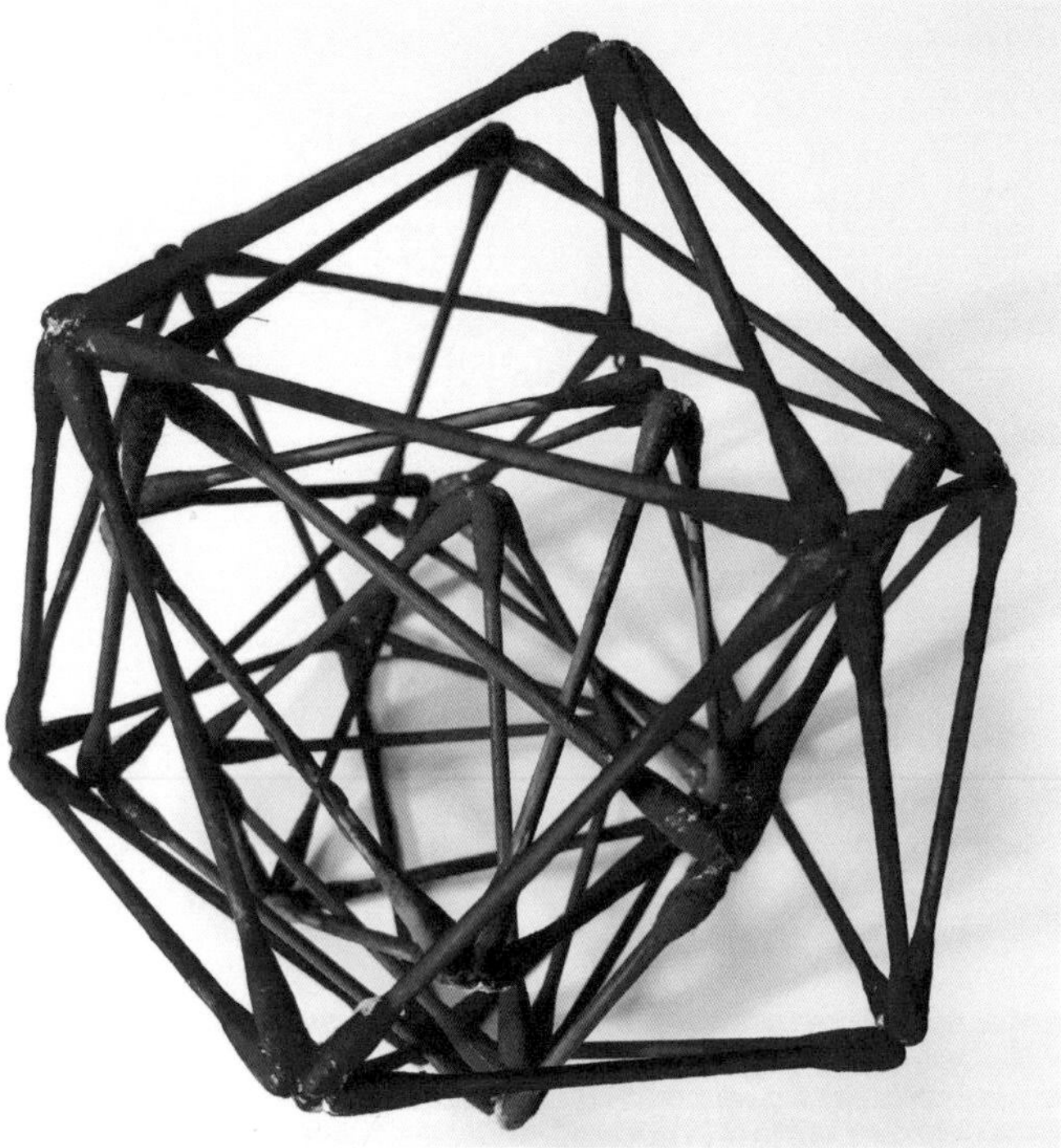

プラトン立体である正四面体、正八面体、正六面体（立方体）、正二十面体を組子にしたものは四魂を表すといわれている（上の写真は四魂）。
そのエネルギー、火を赤で、空気、風を緑、土を茶、水を青で表している。

◆魂の構造

右ページの四魂の外側をさらに正十二面体で囲むと一霊四魂、そして宇宙の構造を表すといわれている。形の根源であり、宇宙の根源でもある。

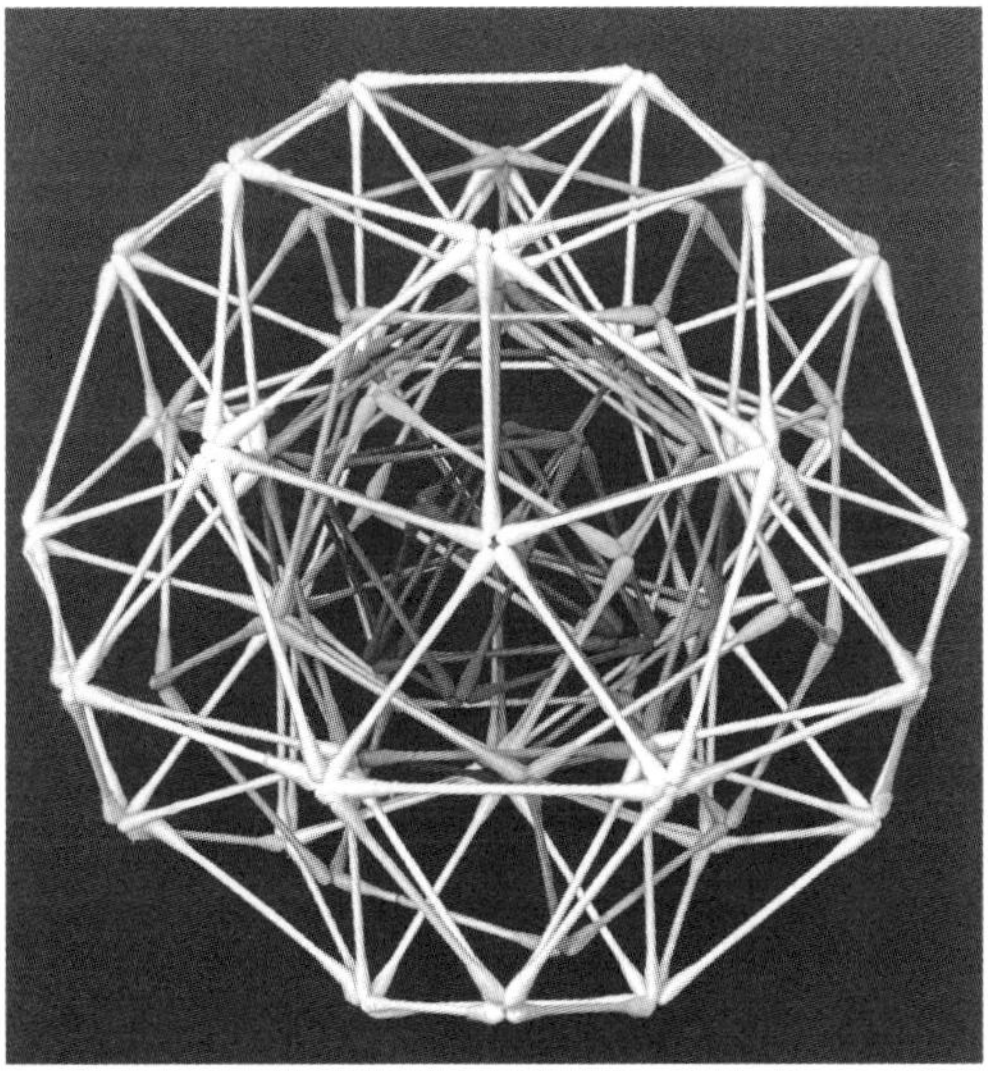

手毬ベクトル平衡体

綿棒１４４本（36×４）を使用。１４４はイエスキリストを表す聖なる数字なので、この手毬シードオブライフは神社に奉納した。

手毬フラワーオブライフを作るために、あらかじめ2640本（660×4）の綿棒を用意。このパーツを組み立てていく際に、4本のパーツには方向性があるので、どの部分とどの部分を結合していくといいか、工夫が必要となる。

◆綿棒ワークの材料

紙軸の綿棒。速乾性木工用ボンド。クッキングシート。爪楊枝。クッキングシートを敷いてから作業を始めると、糊がシートにくっつきにくく、またテーブルも汚れない。爪楊枝は綿棒にボンドをつける際に使う。ボンドがある程度乾いてから綿棒を動かすが、その糊かげんも慣れてくるとわかってくる。写真はベクトル平衡体とマカバの組子を作るために準備しているところ。

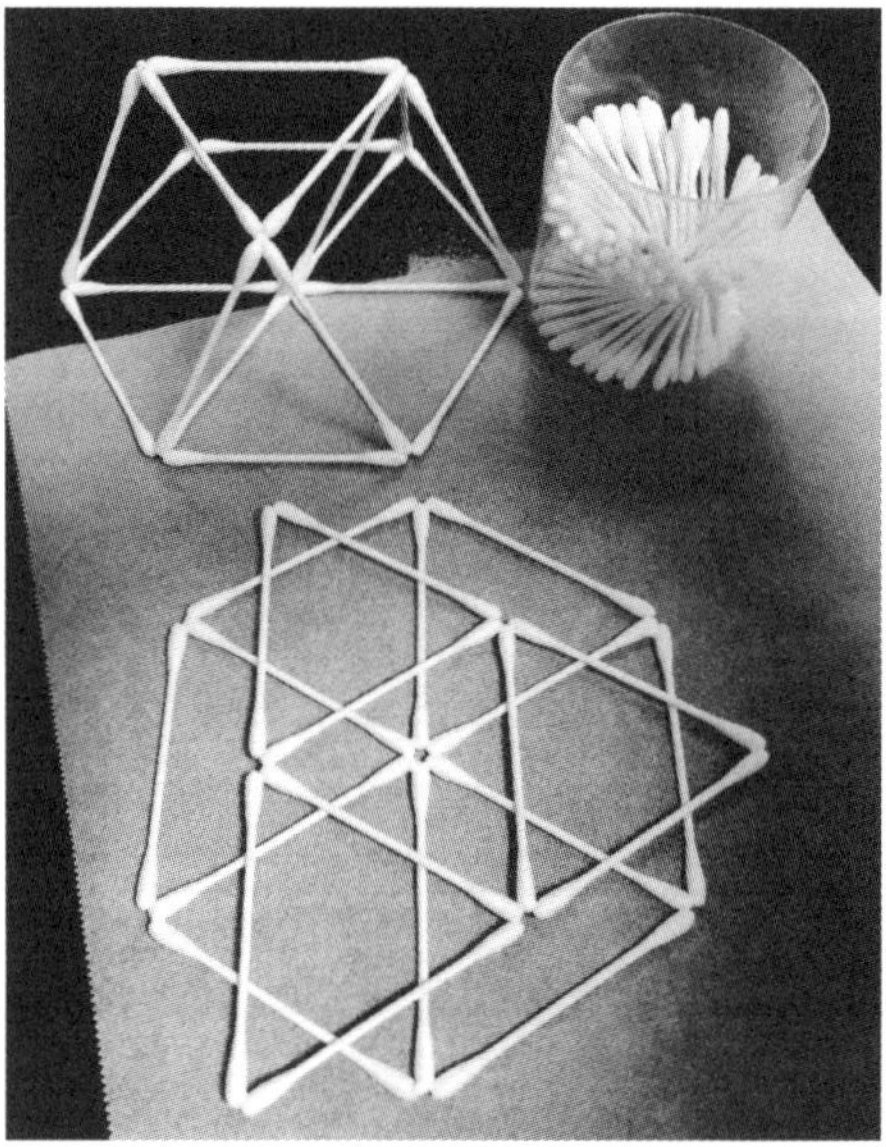

第3章

神聖幾何学とは何か

秋山佳胤

調和が極まったセークリッド・ジオメトリー

幾何学（ジオメトリー）とは図形の数学です。ジオメトリーという言葉は、地を測るという意味をもっており、エジプトのピラミッドはその象徴的なものでした。土地を測量し、天体を観測し、重さや長さの単位でもありました。

この世界にあるものにはすべて形があります。まず点があり、それが延長することで線ができ、立体になることで形になります。そこから周波数が出て、振動することで波動が生まれ、エネルギーが生まれます。

また神聖というのは調和の極まった形であり、美しいものは調和されているものだといわれています。古今東西、いにしえから美しいものは大事にされてきました。美は調和をもち、調和を奏でますが、その調和が極まった世界を神聖な神の世界、神聖幾何学（セークリッド・ジオメトリー）といいます。

神聖幾何学はいくつあるかというと無限にあります。この宇宙は神聖幾何学でできているからです。**その中で古代ギリシアのプラトンによって発見されたものをプラトン立体と**

プラトン立体図

プラトン立体は５つ。
上の左から正四面体、正八面体、正二十面体、立方体（正六面体）、正十二面体

言いますが、それは立体を構成する面の形と大きさがすべて等しいものであり、5つしかないことが証明されています。正四面体、立方体、正八面体、正十二面体、正二十面体の5つです。

では、調和している形とは何かといえば、ある意味で対称性が高いということ、シンメトリーになっているということです。例えばベクトル平衡体は、12の頂点がすべて同じ形になっていて、12方向のシンメトリーになっています。そして各頂点では、正三角形が向かい合い、また正方形が向かい合っています。また12の頂点は球上にあり球の近似的図形です（82ページ参照）。

神聖幾何学の世界でいちばん調和しているのは平面であれば円であり、立体であれば球です。球は360度対称です。とはいえ円とか球は急には作れません。球を作ろうとすれば直線ベースで作っていくしかないからです。逆にいうと、直線は究極の球を目指していく世界ということになります。

神聖幾何学を綿棒で作る

形態がエネルギー場を作り出し、エネルギー場が発生することで物質が作り出されます。**神の創造とは形を作り出すことでもあります。宇宙の創造は形から入っていきます。**私たちがその形を自分の手で作り出せば、そこで起きることを支配できます。生み出すことを支配できるのは神たる権限です。

はせくらみゆきさんも30年前、宇宙からの講義を受けたときに最初に学んだのが神聖幾何学だったといいます。彼女はそのことを長い間忘れていたのですが、私が綿棒の神聖幾何学作品のフラワーオブライフをFacebookにあげているのを見て、自分にも作って欲しいと言われて綿棒660本のフラワーオブライフをプレゼントしました。

またカタカムナを理解するためにも、神聖幾何学はその形を見せることができるので説明しやすいと思います。

綿棒ワークショップでは、みんなで神聖幾何学を一緒に作っていますが、そこでは作り方を教えているわけではありません。例えばベクトル平衡体を作るにしても、決まった作り方はないのです。ですから私がお伝えしているのは、例えば、こうしたら重力の法則に逆らわず、楽に作れますよということです。

作り方は一つではありませんし、できれば出来上がったものを見て、それを真似て作ってくださいと言っています。そうすると、これはどういう形なのかという観察からまず始まりますね。そしてどこから作ったらいいのかと自分で考えます。

私たちは学校教育の影響で、教わった通りやるというマニュアル的な発想が染み込んでいます。だから教えてください、どうしたらいいのですか、ということになりがちですが、そうではありません。

私たち一人ひとりが神であり、自分の宇宙を采配している神そのものですから、人から言われた通りにする必要もないし、指示されるいわれもありません。これを作らなければいけないということもありません。この形はすべての生命の基礎ブロックなので、命を作ろうと思えばこれを作らざるを得ないのです。ですから作るときはどういうふうに作ってもいいのです。ひとつの正四面体から拡張していってもいいのです。

ベクトル平衡体とマカバ

神聖幾何学の中では、ベクトル平衡体とマカバは、命の生命波動を生み出す根源的な形です。ベクトル平衡体は立方八面体ともいい、マカバは星形八面体ともいいます。そしてこの2つが放つバイブレーションは同じものです。それを綿棒で組み立てる際に使う綿棒の数は36本と、やはりミロクの数（3＋6＝9）です。

ベクトル平衡体のエネルギーは陰で、マカバのエネルギーは陽を表しています。ですからこの2つを組子にしたものは陰陽統合の形になります。

かつて医者から見放された悪性リンパ腫の方が、綿棒で作ったベクトル平衡体とマカバを枕元に置いて毎日見ていたら、いつの間にか悪性リンパ腫が消えていたと言いました。そこからは、まさに命の元となるエネルギーが出ているのだと思います。

ベクトル平衡体はシードオブライフ「命の種」ともいわれています。これは正三角形が上下にそれぞれ4ありますから8個、正方形が上下に3ありますから6個、三角形の辺の数が24、正方形の辺の数は24です。

24という数字は、3×8＝24、もしくは4×6＝24として表されます。これは偶然ではなくて、正三角形の1辺と正方形の1辺が共有されていますから同じ数字になるのです。また正三角形と正方形がいつも隣り合っていて、正三角形と正三角形が隣り合っている場所はありませんし、正方形と正方形が隣り合っている場所もありません。これが特徴です。頂点は12で、中心点を含めると13あります。

これを2重構造にしたものがツリーオブライフです。シードとツリーは同じ方向に2つ並べると相似形となり、一辺の綿棒が1本から2本になっています。カバラ*でいわれている「生命の樹」*は、ツリーの立体の平面投影図です。

さらに1本が3本に、三重構造になったのが、フラワーオブライフです。このフラワーオブライフの平面図形は世に出ていましたが、いよいよ地球がクライマックスステージ、地球のアセンションを迎えるにあたって、立体のフラワーオブライフが表に出てきました。これまでもあったけれど隠されていたのです。あったけれど奥にあったものを秘儀とか奥義といいますが、これが宇宙の創生の形です。

カタカムナの字も、文字自体が神聖幾何学ですが、私はそれを見てすぐにこれは平面投影であり、本来は立体だと思いました。そしてものごとは止まっているということはなく、

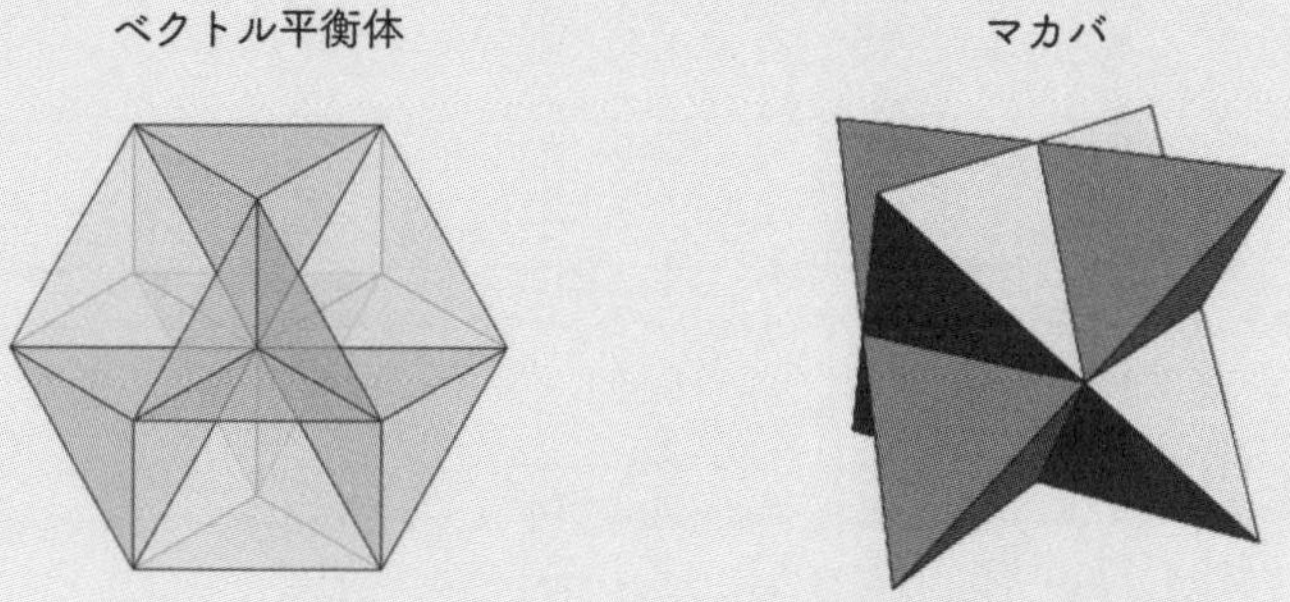

ベクトル平衡体を立方八面体、マカバを星型八面体といい、
それぞれ陰と陽のエネルギーを表わしている。

じつは常に動いているということです。

吉野先生はカタカムナはシリウスの文字だと言っています。私も宇宙の文字だということは知っていました。というのは、野村節子さんとのコラボイベントに参加された男性がＵＦＯに連れて行かれたときの話をしてくれたのですが、ＵＦＯのコックピット付近に不思議な文字が書かれていたのを覚えていて、後でわかったのはそれがカタカムナ文字だったというのです。『ホツマツタヱ』のヲシテ文字は縄文の文字ですが、カタカムナはより宇宙的です。

また、吉野先生はカタカムナを研究される中で、真心と言葉と行動の一致が大事だとおっしゃっています。そうすれば思い通りに生きられるし、相手にもダイレクトにつながると。それが少しズレると諸刃の剣で身を滅ぼすともいいます。私はそれを身口意の一致と言ってきました。一致させるのは思うこと、言うこと、行動ですね。神聖幾何学にかかわっている私もそう思います。なぜなら幾何学自体が、それを教えてくるからです。

見える形の重要性

宇宙の創生は、この神聖幾何学から始まっているので、これを解き起こせば宇宙の構造がわかりますし、難解なカタカムナもさらにわかりやすくなると思います。

例えばベクトル平衡体ですが、綿棒で作っているからこそ私たちはこの形を認識することができます。でも本来は直線ですから、直線には厚みがないので、その形は目には見えません。見えなくても形態はあります。

形態というのは物質ではありません。見えないその形がじつはエネルギーを生み出しています。その形態が生み出すエネルギーを形霊《かただま》といいます。音が生み出すエネルギーを音《おと》霊《だま》、数が生み出すエネルギーを数霊《かずだま》、言葉が生む出すエネルギーを言霊《ことだま》といいますね。

この形態がエネルギーを生み出し、周波数を生み出すのです。周波数とはリズムでもあります。吉野先生は何かを見たとき、そのものの骨組みが見えるとおっしゃっていますが、綿棒ワークはまさにその骨組みを作っているわけです。

そして作った骨組みは、はっきりと肉眼で見えます。この骨組みがなかったら私たちは中心を確認することができません。ということは、この立体を理解することもできません。

ですから綿棒で作ったベクトル平衡体の形を見ることで、私たちはその構造を理解することができるのです。例えば中心から頂点になるものと、正三角形の1辺の長さが同じだということが一目瞭然です。でもこの綿棒で作った骨組みがなければ、その構造を認識することができません。また正方形の1辺と中心からの頂点も同じだということがわかります。

綿棒ワークのポイントは、一つひとつの基礎をていねいに作っていくことです。正確に作らないと形はいびつになってしまいます。私はシードオブライフを何回作ったかわかりませんが、いくら作ってもキリのない世界です。基礎がきちんとできれば、複雑なものもいろいろできますし、たとえ綿棒の長さが違ってもうまく調整ができます。

フィボナッチ数列と黄金螺旋

自然界はじつはフィボナッチ数列でできています。自然界のものはすべて螺旋《らせん》とリズムでできているのです。解剖学者の三木成夫先生は「宇宙は螺旋とリズムでできている」と言っていました。

その螺旋は、DNAの螺旋構造から宇宙の銀河の渦まで、ミクロからマクロまで、すべてが螺旋でできています。そしてすべてが、それがもつリズムと振動で変化していきます。四季折々の変化もそうですし、花が種から成長し変化していくサイクルもそうです。

松ぼっくりの形やひまわりの種も螺旋を描いていますが、それは見事なフィボナッチの形状をしています。フィボナッチ数列というのは1から始まって、前の2つの数字を足したのが次の数字になるもので、1、1、2、3、5というように続いていきます。

そのフィボナッチ数列は、黄金螺旋の近似値だということが知られています。黄金螺旋は完璧な螺旋であり、無限に同じ比率で広がっていきますし、内側にも無限に入っていきます。それは理想ではありますが、自然界では黄金螺旋は作れません。なぜならどこから始めていいかわからないからです。内側もキリがないし、外側もキリがないので、どこから始まっているのかがわかりません。

ところがフィボナッチ数列は1から始められます。1という直線、1本の綿棒を置くのは、1を作れるのと同じ世界です。円はいきなりは描けませんが、まず1を置いて、次にまた1を置いて、それを続けていくことで円も作ることができます。

本当は黄金螺旋を作るのが理想ですが、自然界はフィボナッチ数列で作られているように、綿棒でそれを作ることはできます。

構造を観察する

綿棒660本の立体フラワーオブライフ（90ページ参照）の作り方は大きく3パターンあります。最大平面から作る方法と、中心から四方八方に拡張していく方法、シードオブライフを13個作って合体して間を192本埋めていく方法です。難易度が高いと意識も拡張します。立体をじっと見ているだけでわかるのですが、なぜこれがシードオブライフ13個で作れるのか最初はわかりませんね。でもこの形を見ているとわかります。

フラワーオブライフには頂点が12あります。そして中心という13個目があります。中心にシードがあって、その頂点の位置にシードオブライフを置いていけば、自然にできていきます。なぜなら相似形に拡張しているからです。

だんだん慣れてくると、図形が見えるようになってきます。中心からの1辺が2倍や3倍に拡張していくこともできます。よく見ているとその構造が見えてきます。そして自分の手で作っていくと、さらにその構造がよくわかってきます。

そのとき私たちの平面意識だったものが立体意識として徐々に開いてきます。そうすると、自然界にある花や植物、例えば5弁の花があれば、そこに正五角形の立体が背後にあることもわかります。

先日、スペインに行った折にアントニオ・ガウディが設計したサグラダ・ファミリアに行ったのですが、それは神聖幾何学そのものでした。ガウディは大自然の中にすべてがあると言っています。

大自然の形態はすべて神聖幾何学です。花は美しいですが、それが美しいのは神聖幾何学だからです。そして円は天を表し、正方形は地を表すといわれています。

天体の星々の距離や関係性も、じつは神聖幾何学で説明できます。すべて369の数字になっているからです。要は完成している形です。神聖幾何学が目で見られるというのは、綿棒が何本でできているかと数えることができるからです。それは完成している形ですが、1本でも抜けていたら完成しません。そして、まとまって美しい形は、ことごとく36（ミロク）の数字です。

それを利用してニコラ・テスラがフリーエネルギーを作りました。36の不思議さというのは、2倍しても、2で割っても、2をかけても、36が交互に出ます。3と6は陰と陽ですが、それを足した9は究極の数で、2で割っても、2をかけても、4・5も2・25も足すと9です。18も、36も、9です。9しか出ない究極の数です。それは数霊の世界です。

宇宙の構成は音霊、言霊、形霊などで表されますが、全部同じひとつのことを表現しています。ただ形式が違うだけです。

誤差があるからエネルギーが流れ出す

綿棒で形を作っていくときには、どうしても誤差が生じます。誤差というのはものごとが完璧ではないことなので、私たちはできれば避けたいと思いますが、じつはそうではありません。

例えばベクトル平衡体に誤差がなく完璧に平衡だったら、中心からエネルギーが流れないのです。なぜなら完璧に平衡だと偏りがないため、エネルギーはどっちにいっていいかわからないからです。でもちょっと傾いていれば、エネルギーはそこから流れ出ることができます。水が、傾きがあれば流れ出すのと同じです。

そしてエネルギーが流れ出すと、グルグル回ってトーラス構造を描きます。ですからその誤差が大事なのです。初めに動きを作り出すからです。とはいえ、その誤差が大きくなりすぎれば、今度は綿棒が入らなくなったりして形はできません。ベクトル平衡体を作る際も、誤差が大きくなればなるほど歪みが拡張されてしまいます。

誤差は人がやる以上出ますし、具体的に創造しようと思えば誤差は必要ですが、その誤差はある範囲内であればいいのです。それがf分の1ゆらぎの世界*です。自然の風は気持ちがいいけれど、機械的に風を当てても気持ちよくありませんね。ゆらぎ付き扇風機はf分の1のゆらぎを作り出しました。ゆらぎというのは、一定しない誤差のようなものです。その誤差がf分の1に入っていれば、自然のそよ風のように心地よく感じます。でもその誤差が大きくなりすぎてしまうと不快に感じます。その計算された誤差を公差といいます。

例えばシンギングリンを制作した和真音《かずしおん》さんは、宇宙からリンの形状を教えてもらったのですが、そのときにその寸法を全部言われたのと同時に、ここまでの誤差は許すという規定まであったそうです。このようにものづくりの会社では、設計誤差はここまでにしてくださいという範囲があります。計算された誤差を「公差」と言いますが、公差がないと逆にエネルギーは流れません。

神が地球を完璧に作ってしまい、また人間を完璧に作ってしまったら、完璧というのは完成形ですから発展性はありません。そこに誤差とか、不完全性を入れたからこそ、そこには発展性があるのです。そこが醍醐味です。

それは私たちがなぜ自由意思を与えられて、さらなる発展を許されたかという根源的なところへとつながってきます。

形態は波動をもち、バイブレーションを放つ

形態が周波数を生み出すと言いました。それは何ヘルツという立体的な波動のパターンです。例えば水の形態は432ヘルツを生み出すといわれています。立体的な波動の形態が立体的な波動パターンを生み出し、立体的波動のパターンがその場のエネルギー場を形成します。

そのエネルギー場が形成されると、そこで生まれるものや起きることが決まってきます。そのエネルギー場が鋳型《いがた》であり、そこに流し込まれて目に見えるものとして生み出されます。それはまたカタカムナのカタ（かたち）とカム（エネルギー）にも一致しています。私たち人間が動物と一線を画している、また亡くなった高次元の存在とも一線を画しているのは、バイブレーションを強く作り出せるということです。つまりエネルギー場を強く作れるということです。

それはどういうことかというと、私たちは身口意、つまり自分の行動と言葉、意識が一致しているかどうか試されていますが、それが一致してそのエネルギーが放たれれば、そ

の意識というのは肉体を脱いで亡くなっても消えません。ですから祈るということも亡くなってもできるのです。

ところが相手を愛すと思っても、その思念をもつことはできますが、言葉で愛しているということは言えなくなります。では、思っているだけと、言葉で愛していると言うのとは何が違うかというと、ここではそのバイブレーションを強められるということです。

しかも吉野先生がおっしゃるように意識と言葉が一致したとき、それは強いのです。愛していると心から思わないで、そう言ってもそれは力をもちません。愛しているという思念をもちながら、愛しているという言霊を放ったとき、そのバイブレーションは重なって強くなります。

しかも肉体をもっていますから私たちは行動ができます。そうすると愛していると言って相手をハグすると、それは肉体でエネルギー場を強く振動させられるから、強いバイブレーションを放てます。

吉野先生は意識と言葉と行動が一致したとき、それにブレがなければ一直線で叶わないことはないと言っています。それができるのは地上にいる私たちです。肉体をもっているからこそできるのです。

この地上で肉体をもつと、重力にとらえられてしまいますし、時間の制約もかかりやすいので、それをも克服していく必要があります。それを感じていけるのが綿棒ワークです。重力で綿棒はすぐ倒れてしまいますし、また糊が固まるタイミングをはかるのも、大きい作品になればなるほど大変です。糊を出したばかりは塗りやすいけれど、粘り気がないから支えられないので、そのタイミングをいかにはかるかというところも鍛えられ、綿棒ワークは重力や時間の制約の克服を助けてくれます。

私たちが見ているものは実像ではなく影

これまで私たちが見てきたものは実在ではなく影でした。しかも2次元の平面のスクリーンに投影したものを真実かのように思わされてきました。でも映画のスクリーンを見てそれをリアルだと思っている人はいませんね。本当は自分の内にある思いだけがリアルで、それが光源であり、それをフィルムに通して影を見ています。映画館では光源を通したフィルムのスクリーンを見ています。

実際私たちの宇宙では、それぞれの分御霊という光源をもち、意識想念というフィルター（フィルム）を通して、映写した映像、すなわち自分が作った映画の映し出したものを実在だと思って見ています。それは実在ではなく影です。

なんて窮屈な世界だろうと思っている人は、制限的な映画を観ているのです。自分は無限の存在だから伸びやかに生きようと思っている人は、そういう映画を自分で作って観ています。その映像を回転させると、これは視点を変えるということですが、4次元になります。回転して時間を超えると4つ目のベクトル、その変数を時間といってもいいですね。さらに時間軸を保ちつつ視点を変えるということで5次元も作っていけます。

一般的に言われているのは、点があり、1次元は線であり、2次元は平面の世界、3次元が立体の世界です。そこに時間軸が入って4次元になると言われています。次元は視点でもあります。地球に70億人いるということは、70億次元あるということです。

基本は正三角形

幾何学の基礎は正三角形です。3というのはヒフミのミです。正二十面体は正三角形が20個あり、これは五芒星と六芒星が合体した形です。プラトンはこれを水だと言っています。水の特徴というのは、結晶させると六角形になります。水が結晶していないときは柔らかいのですが、柔らかいというのは足りないし、余っているという状態ですから、その五角形は流動的な形です。

ベクトル平衡体は最初に正三角形を6つ作りますが、6個で一周するので安定します。ところが三角形が5つだったら、なんか足りない感じがしますね。ですから5というのは、6に1つ足りないという意味があります。また頂点と頂点の1本が余っているともいえます。結ぶ手が余っているともいえるのです。分子の結合も、手が余っているとほかの分子とで結合できます。水というのは足りないところでもあります。数字でいえば5が水の数で、5というのはもう一つあれば6になります。

3も安定の数字ですが、5は3から2つ進んでいるとも言えます。3という安定がありながら、でもふたつ余っていて、ひとつまだ足りない。水もよりさらに自由な状態は水蒸気という気体です。水はそれよりも固まっています。それは3を内包しているからです。でもうひとつ足りずに安定していないから、自由に形を変えられるという流動的でもあります。

それは立体的な正二十面体で言えば、5を形にしようと思えば、膜（2次元）から聖杯（3次元）を作らなければなりません。聖杯というのは水のエレメントです。逆にここにくぼみができたら立体になります。2次元的にやろうと思っても三角形5枚では不安定ですが、3次元になったら逆に安定します。

プラトン立体の構成要素

プラトン立体といわれている正多面体は5個あります。正多面体というのは、どの辺の長さも等しく、すべての面が形も大きさも等しい正多角形からなり、その頂点はいずれも中心から等距離にあります。それは正四面体、立方体（正六面体）、正八面体、正十二面体、正二十面体ですが、それらは形の原型であり、特定の元素をもっています。

4つの頂点と4つの正三角形の面をもつ正四面体は、「火」のエネルギーを表していきます。

8つの頂点と6つの正方形の面をもつ立方体は、「土」のエネルギーを表しています。

6つの頂点と8つの正三角形の面をもつ正八面体は、「風・空気」のエネルギーを表しています。

20個の頂点と12個の正五角形の面をもつ正十二面体は、「エーテル」のエネルギーを表しています。

12個の頂点と20個の正三角形の面をもつ正二十面体は、「水」のエネルギーを表しています。

この5元素は宇宙を構成しているものです。

では、プラトンが正四面体は火だと言っていることを現象面から見てみましょう。2辺が衝突すると火が起きます。私がいて相手を作り出して2つになり、その2つがやりとりをして衝突するとパンッと火が起きます。正二十面体は水ですが、そこに初めて正五角形が出てきます。正三角形ベースの立体で、正四面体と正二十面体との間にあるのが正八面体ですが、これがエア、風、空気です。空気は水と火の2つの要素をもっています。火は風がないと起きません。そして摩擦というのが風です。そして水を熱すると水蒸気となってエアになります。

正四面体、正八面体、正六面体、正二十面体の入れ子、これが魂の構造だと言っています。これは一霊四魂の四魂を表していて、この外側に正十二面体がきます。綿棒で五角形を作るのは少し難しいですが、この正十二面体は４つの魂を包む膜、直霊《なおひ》を表しています。

魂の構造は宇宙の構造

これは魂の構造だと言いましたが、宇宙の構造でもあります。私たちの魂というのはもともと宇宙からやってきています。神聖幾何学はすべての大元です。また神聖幾何学は数学であり、数学より大元というのはありません。

言葉のように解釈を伴うものはどうしてもいろいろな見方があり、そこに揺れを作ってしまい争いも生まれます。ところが神聖幾何学の世界は争いようがないのです。解釈というものがないからです。

なぜなら正三角形は正三角形、正方形は正方形と誰にも有無を言わせません。その数字も３は３と明確です。３のようなものとか、３ぽい４というものはありません。曖昧性がないから争いもないのです。その３（三角形）と４（四角形）の組み合わせ方によって、いろいろな立体が生み出されていきます。その形を組み合わせる、つまり創造する力を私たちは与えられています。

綿棒ワークを通してツインレイに出会う

したがって、自分の手を使って綿棒ワークをするということは、神である神聖を具体的な肉体をもって表現するということのシミュレーションをやっていることにもなります。綿棒ワークをすること自体、何か社会に役立っているとは思えませんが、これに取り組むことで何かが変わってきます。

芸術家であればより芸術性の高いものを描けるようになりますし、さまざまな仕事の局面にも活きてくるでしょうし、また日常生活が整ってくるでしょう。そして病気の人は健康になってきます。なぜならそれは優れた瞑想でもあるからです。

瞑想というのは自分の内を見る機会ですが、自分の内側が荒れていたら形も荒れます。ところが、自分の歪みを目の前に形として認識することができれば、それを修正することもできるのです。

なぜ私が今、自分の周波数と同じツインレイに出会えたかといいますと、２０１９年春、何か自分らしくないと心地よくないものを感じて、それを修正したいと願っていました。

そこで綿棒ワークをやり続けることによって、自分のブレや歪みに気づけたからこそ、それを修正することができたのです。自分がそれにとらわれて一体になっていたら決して気づくことはできませんでした。

綿棒は、ズレたら直せばいいという形の世界ですから、少しずつ自然に自己修正ができていったのだと思います。今は思い通りの生を生きられて本当に幸せです。

＊カバラ
ユダヤ教の伝統に基づいた創造論、終末論、メシア論を伴う神秘主義思想。

＊生命の樹
創造神へ至る過程を10段階にわたり示したもので、その過程は10個の「球」と22本の「小径」から構成されている。その象徴図を生命の樹（セフィロト）と呼ぶ。

＊f分の1ゆらぎ
パワーが周波数fに反比例するゆらぎのことで、小川のせせらぎの音など自然現象に多く見られる。

第４章

カタカムナ文字と カタカムナウタヒ

吉野信子

カタカムナ文字を感じてみましょう

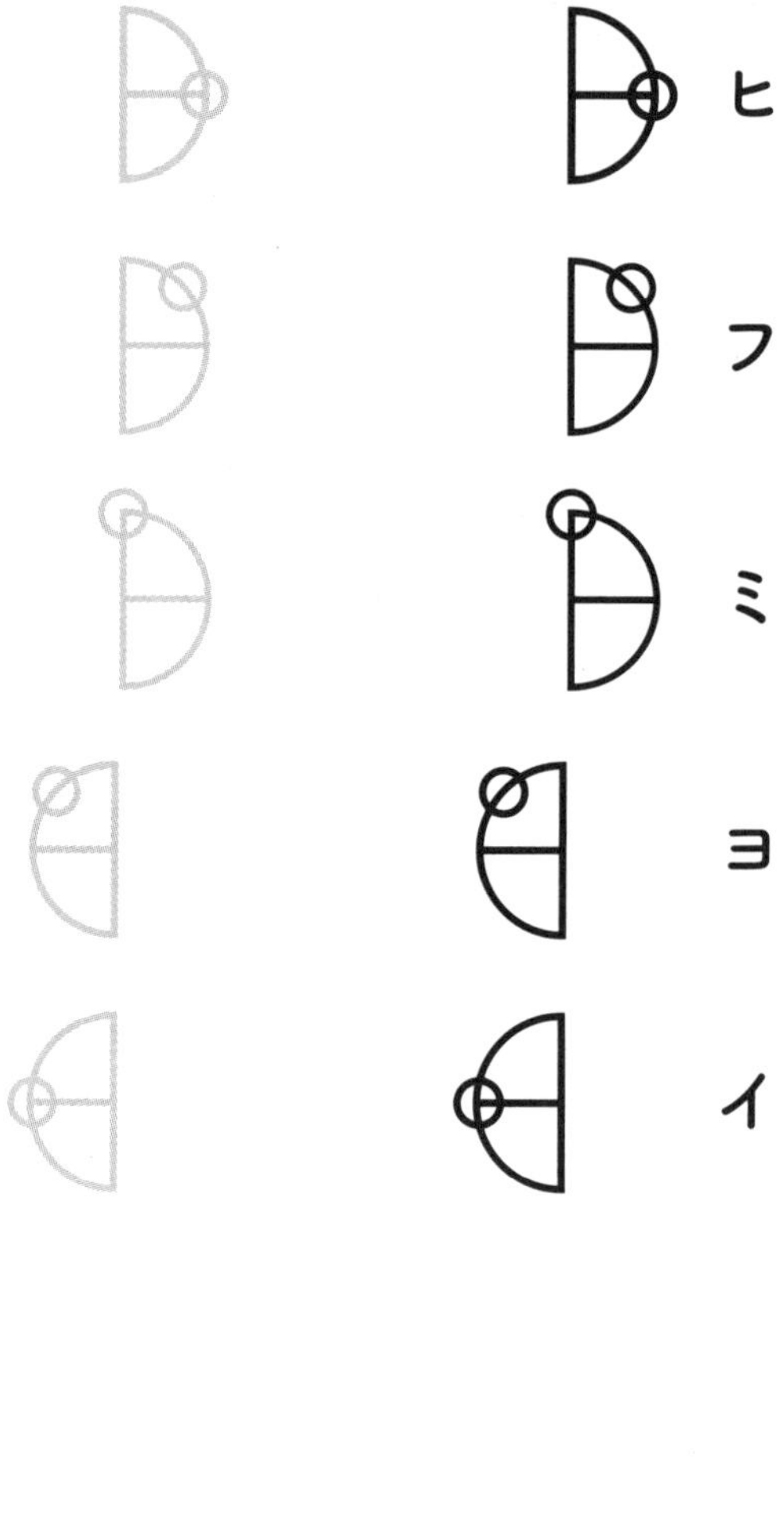

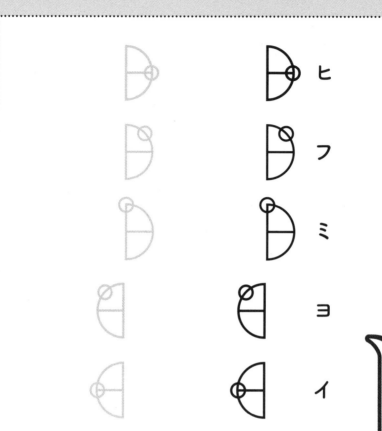

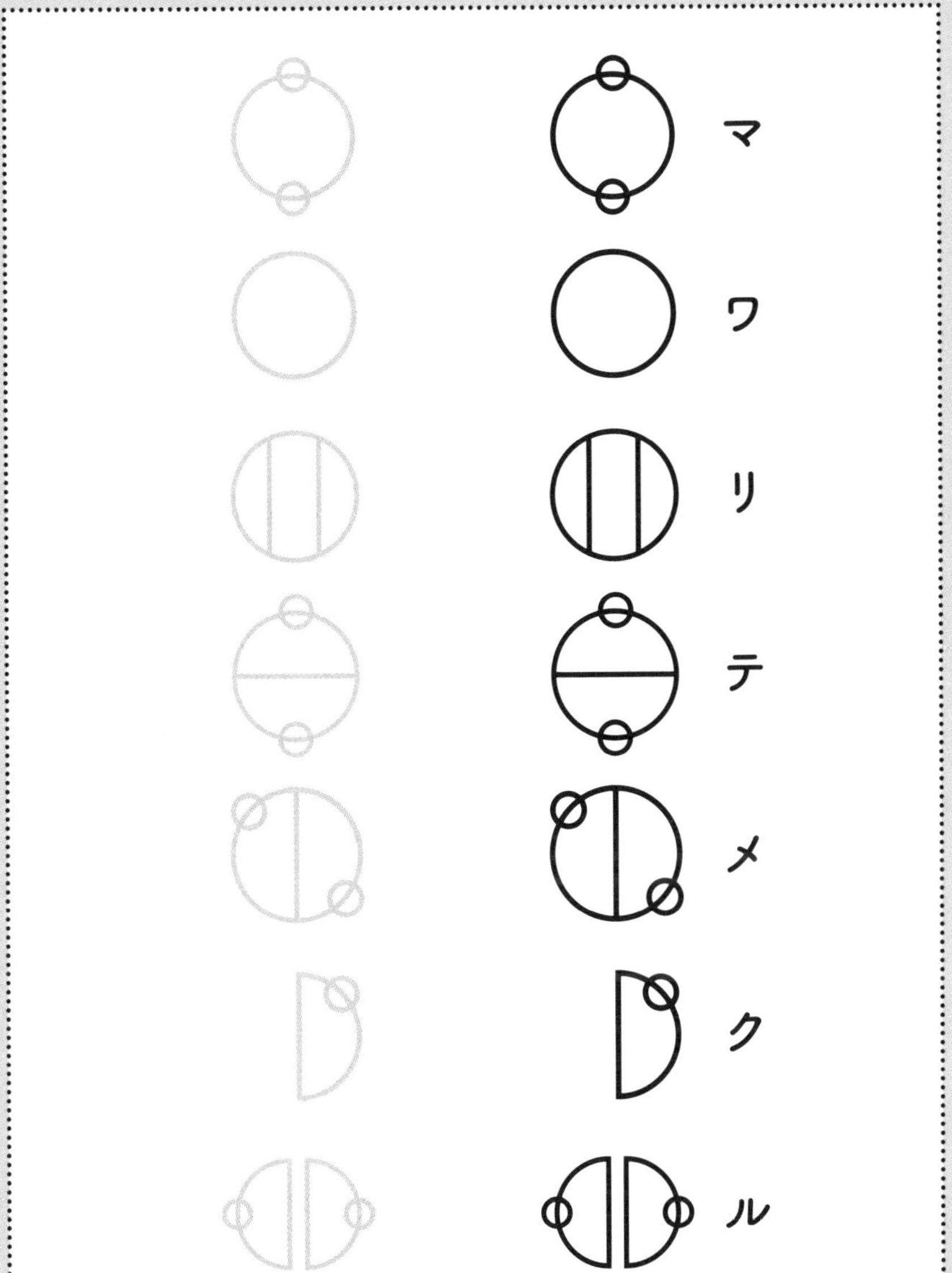

注）48音は清音で表わすが、ウタヒとして読む場合には濁音をつける。

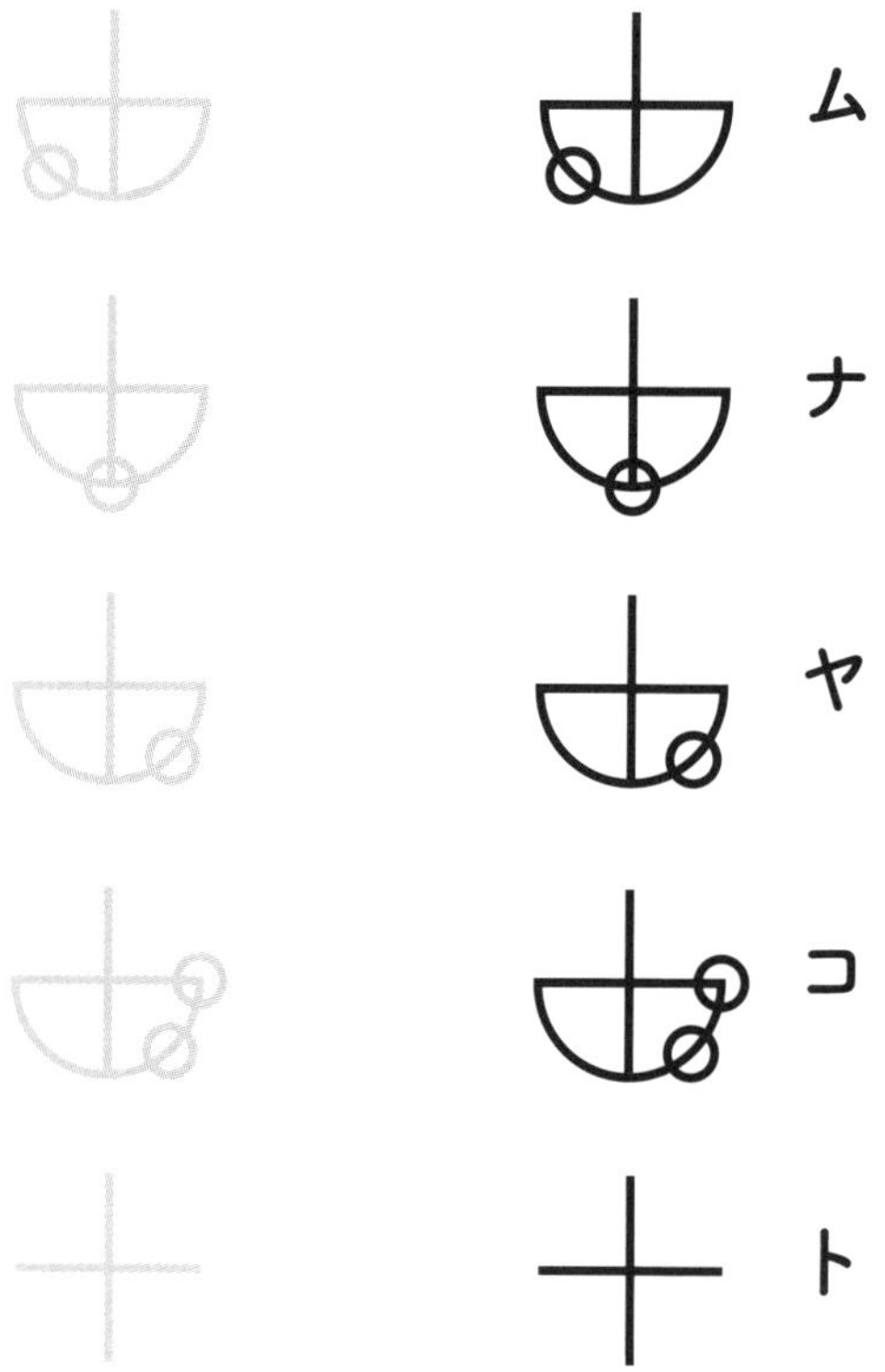
ム
ナ
ヤ
コ
ト

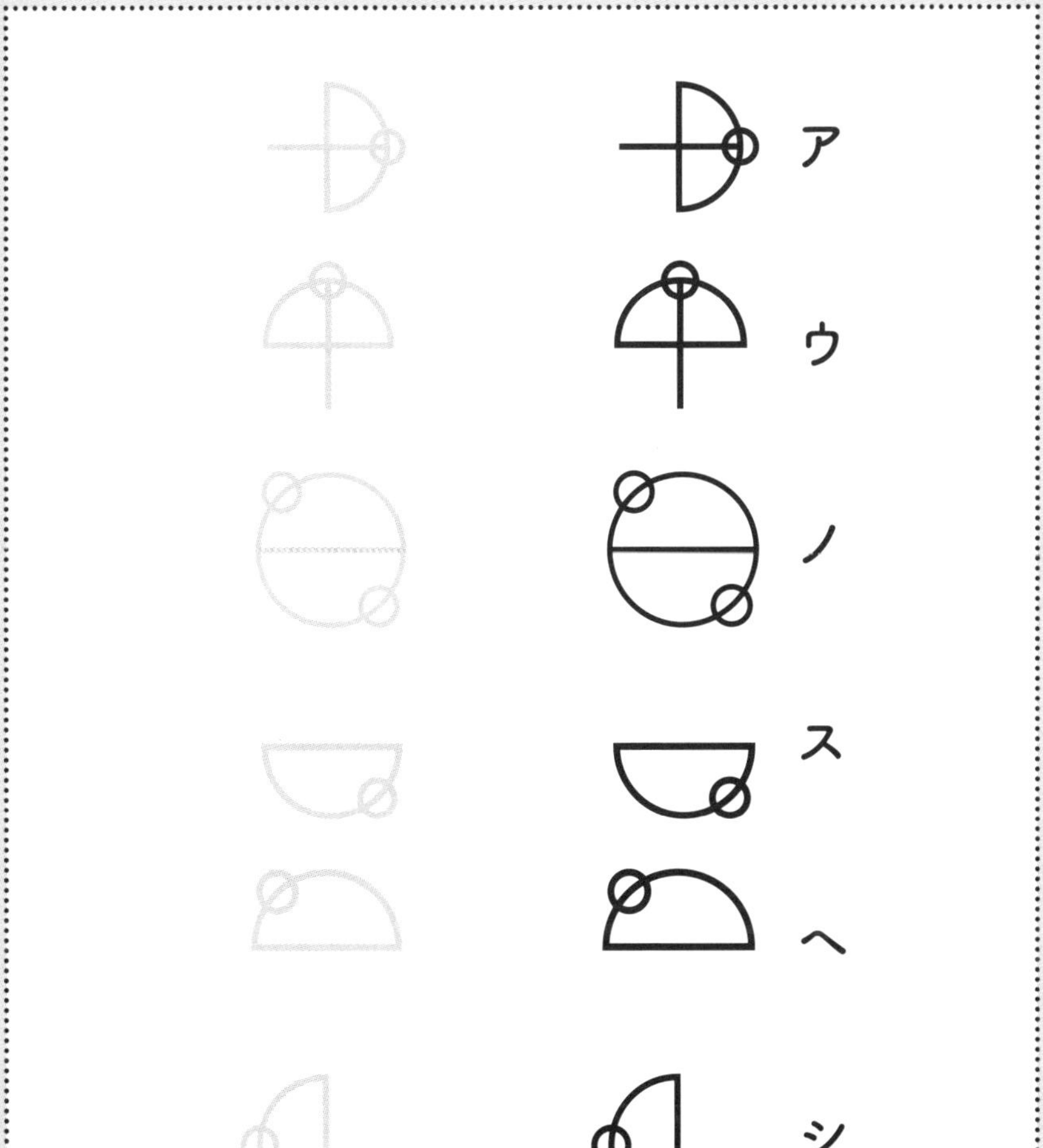
ア
ウ
ノ
ス
ヘ
シ
レ

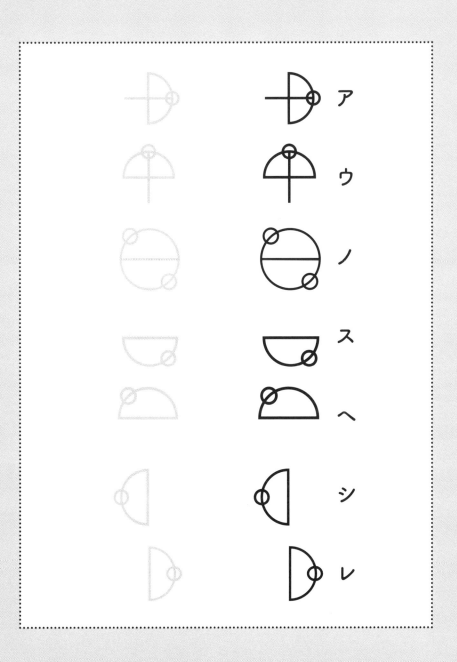

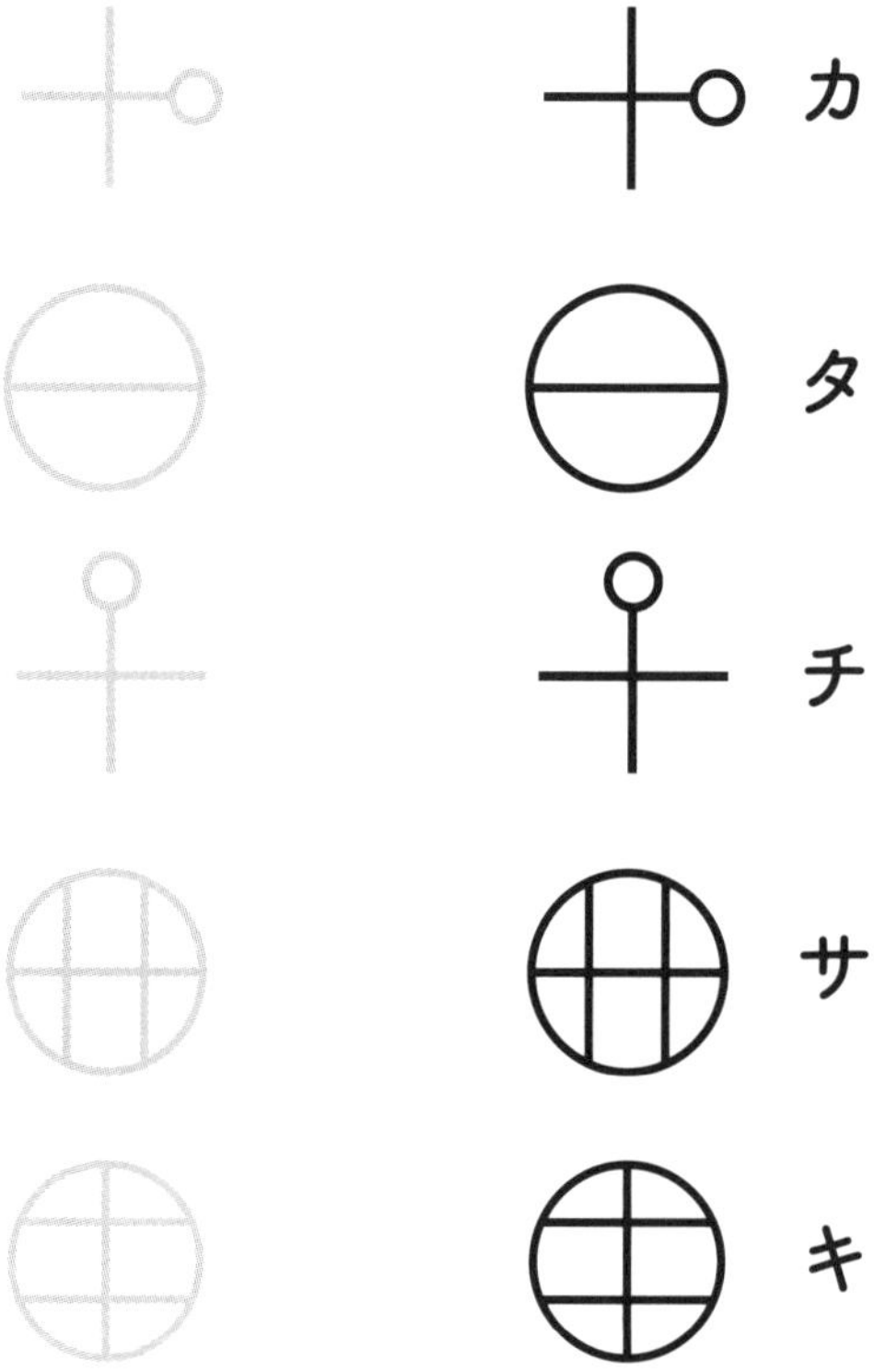
カ
タ
チ
サ
キ

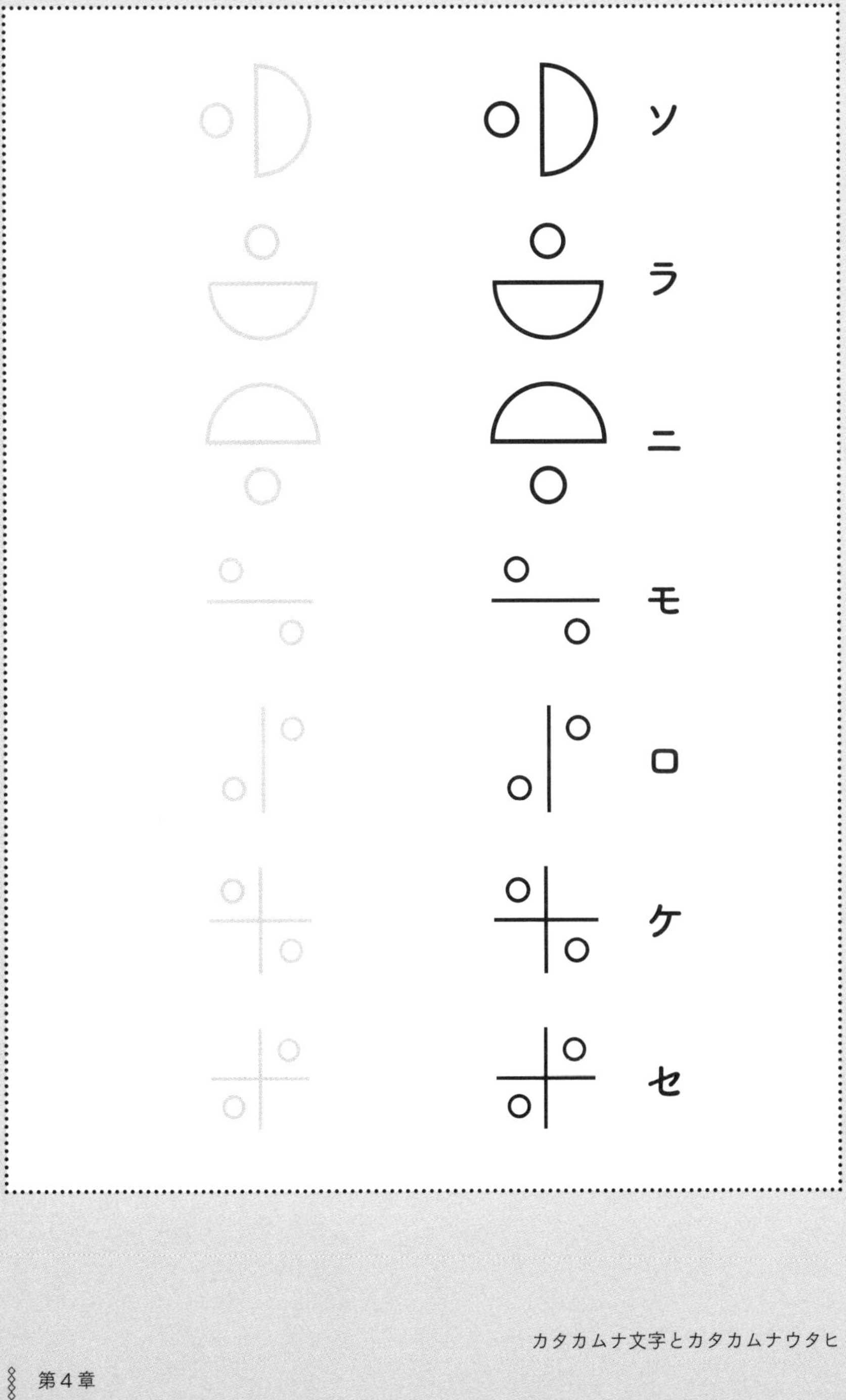
ソ
ラ
ニ
モ
ロ
ケ
セ

ユ

エ

ヌ

オ

ヲ

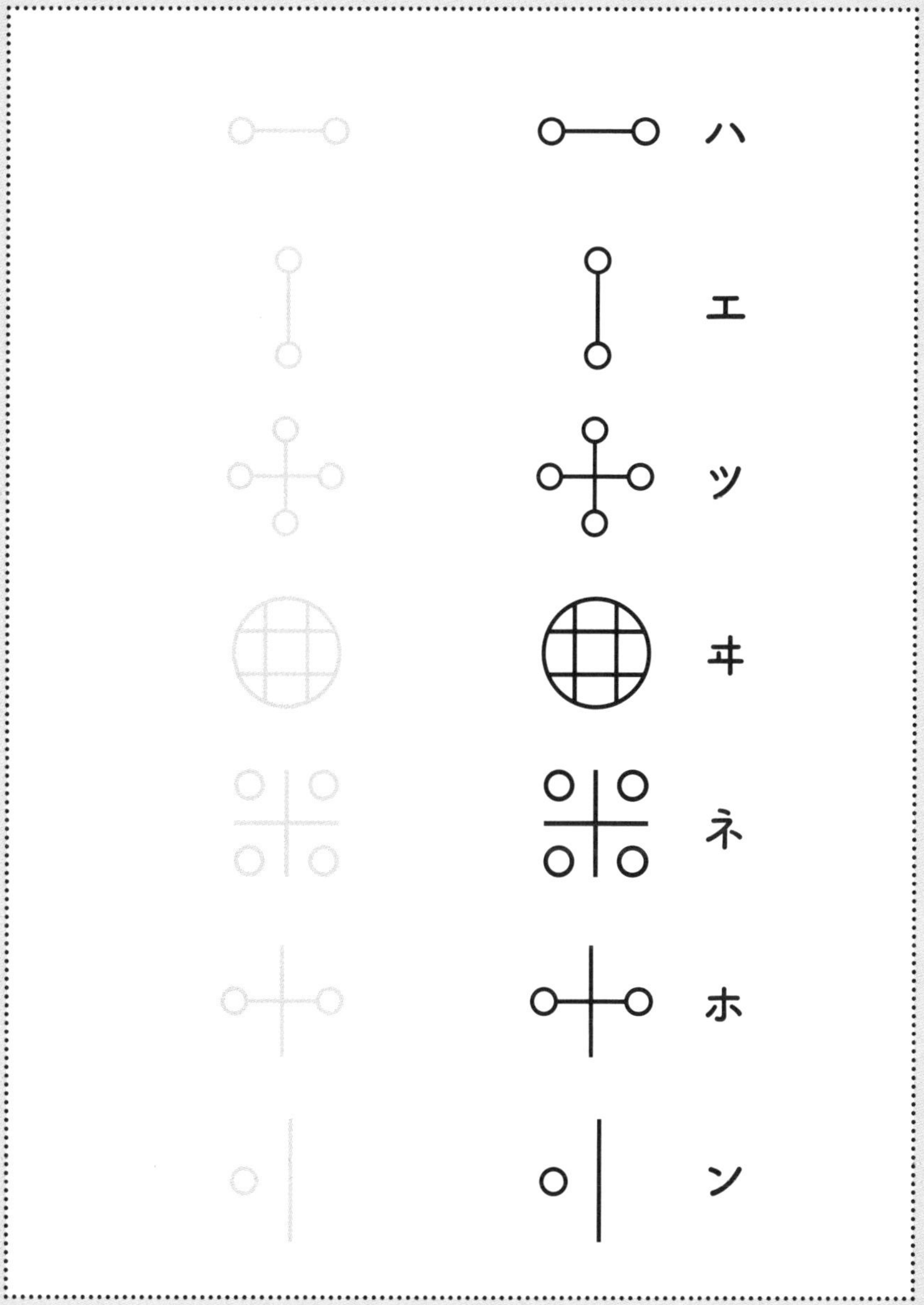
ハ
エ
ツ
ヰ
ネ
ホ
ン

◆カタカムナウタヒ第1首：カタカムナの出所

（日本人と日本語の始まり）

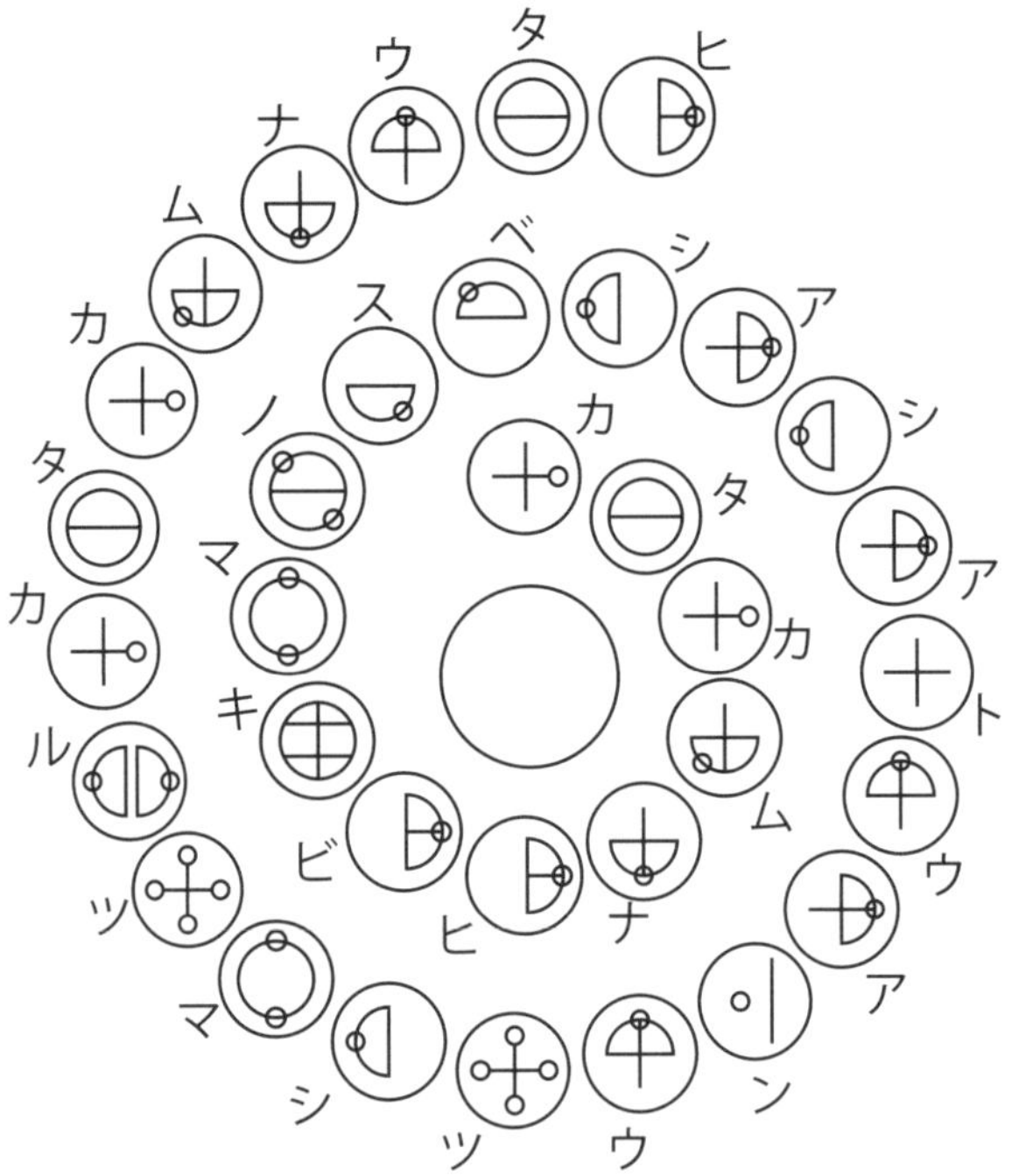

カタカムナ　ヒビキ　マノスベシ

アシアトウアン　ウツシマツル

カタカムナ　ウタヒ

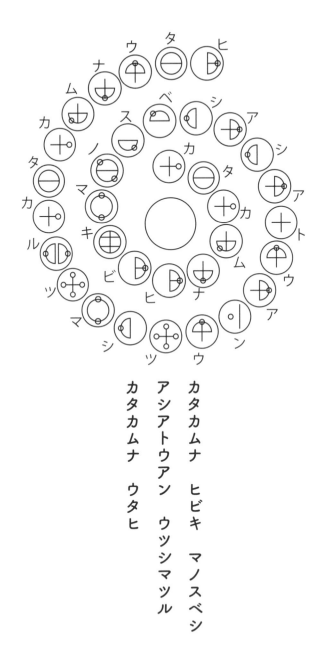

◯ミクマリ中心図象は「陰陽＝勾玉（生命体）」を表す。

人間の生命の根源（カタカムナ）から出る響きは、その生命体（勾玉）の心から産み出される声です。

アシアトウアンというアジアの統合を産み出そうと強く心に感じる日本人が、その心から出る響き（日本語48音）を写し祀りました。それがカタカムナウタヒ80首です。

◆カタカムナウタヒ第2首：神とは何か

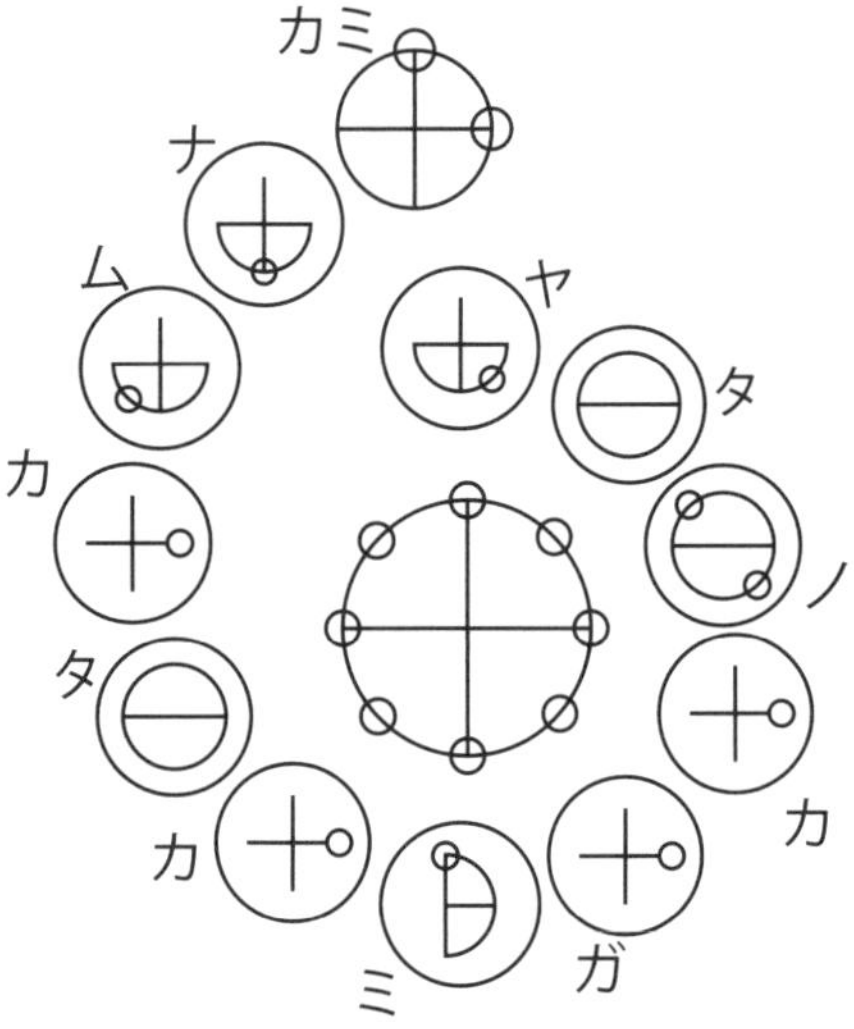

ヤタノカガミ　カタカムナ　カミ

ヤタノカガミ中心図象は「創造御柱」を表します。

①宇宙の創造御柱（八咫鏡）と自分の生命の根源（カタカムナ）こそが神です。

②宇宙の創造御柱（八咫鏡）のエネルギーは、自分の生命根源（カタカムナ）へと上（カミ）の方から流入してきます。

注）2首は①と②の2つの意味が重なっています。

◆カタカムナウタヒ第3首：生命を生み出す三位一体

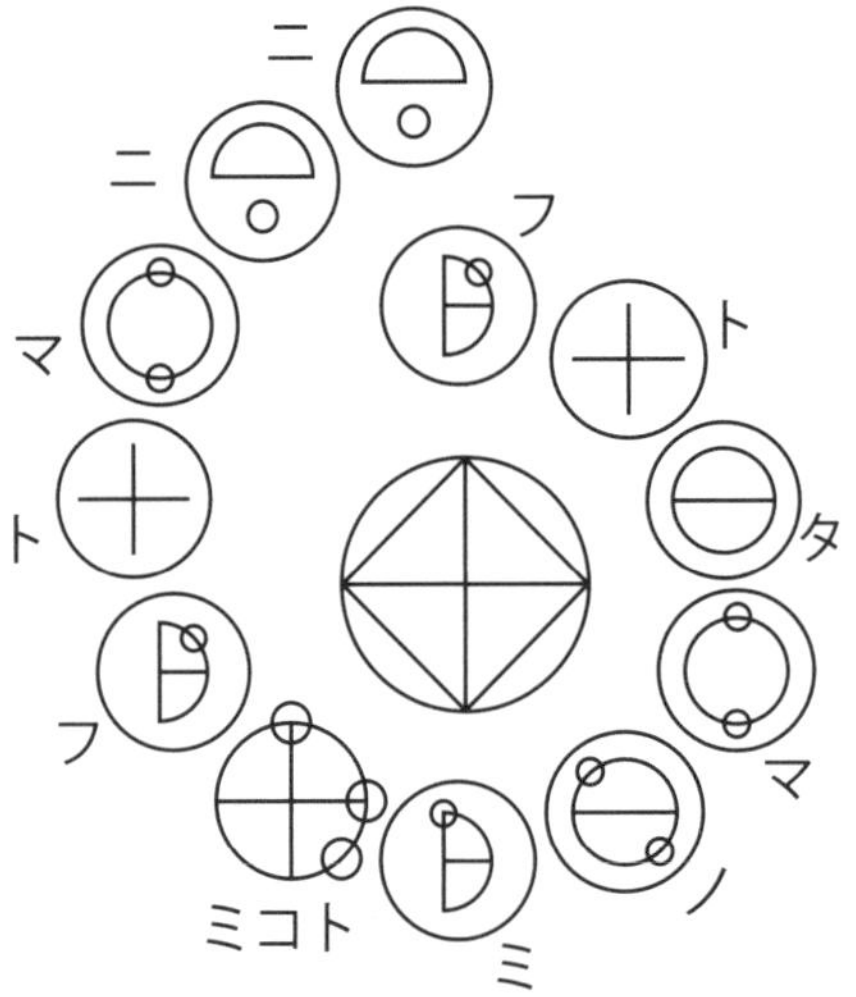

フトタマノ　ミ　ミコト　フトマニニ

フトマニ中心図表とは言霊の振動エネルギーを産み出す「ココロ＝心」を表すと同じに、その振動を具象化するという意味で「子官」でもあります。カタカムナはととの３つの中心図象を統合した⊕で表わされます。

陰陽（フトタマ＝太極）の実態（ミ）とは、身体と命のエネルギー（陰と陽）、そしてその統合によってできた「子」の３つが転り入って三位一体となった生きている命（ミコト）のことです。

その生命エネルギーは、陰陽の２つが統合したゼロ空間（フトマ）に次々と圧力がかかる（ニニ）ことで生じてきます。

◆カタカムナウタヒ第4首：滅びゆくもの（生命）こそが神

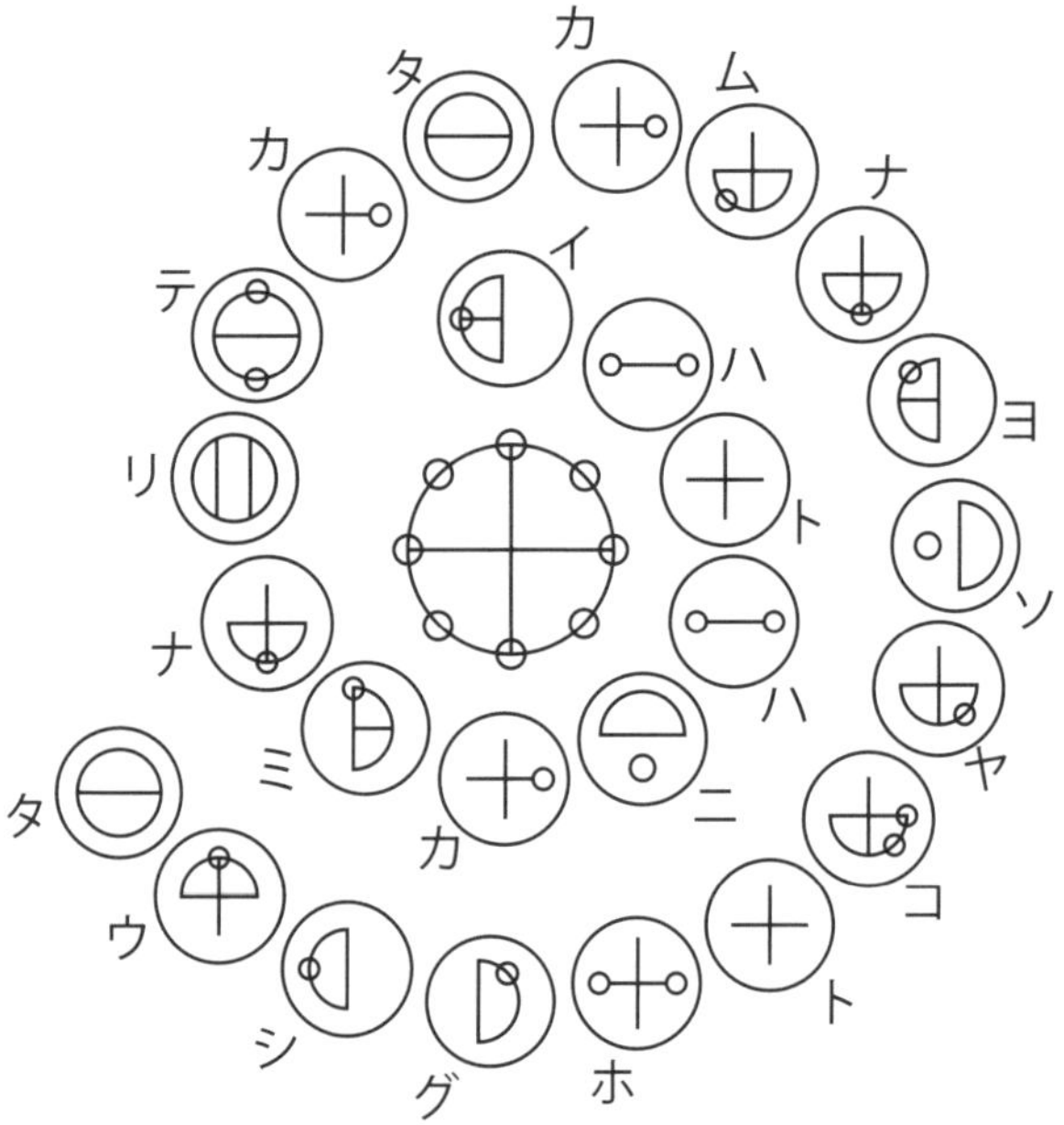

イハトハニ　カミナリテ

カタカムナ　ヨソヤコト　ホグシウタ

⊕が中心図象のウタヒは、創造の御柱の永遠循環について書かれていることを示しています。

陰（滅びゆく身体）こそが永遠に神です。その身体が、カタカムナ（心）の振動を声として伝えています。心から出て声となる48音のコト（49、50）を一音ずつほぐして謡いましょう。

注①）48を「ヨソヤ」と呼び、「コト＝9、10」と続けているのは、コト「9＝○・10＝＋」でカタカムナの⊕を意味しています。また「48音のことを」という意味と、声音ではない49と50の循環システム（49＝反転・50＝合体）をも暗に含んでいます。48音を発することができるのは人間の思いと肉体だけなので、言葉を発する人間一人ひとりを日本語で「吾《われ》」と書くのは、五＋口（50）の言霊システムをもつ私という意味に解釈できます。

注②）2首にヤタノカガミとカタカムナが神であると書いてありますが、その2つの神は、命という滅びゆく肉体を具象化するための装置です。その意味で肉体をもつ生命こそが神なのです。

◆カタカムナウタヒ第5首：地球の誕生・生命の生と死

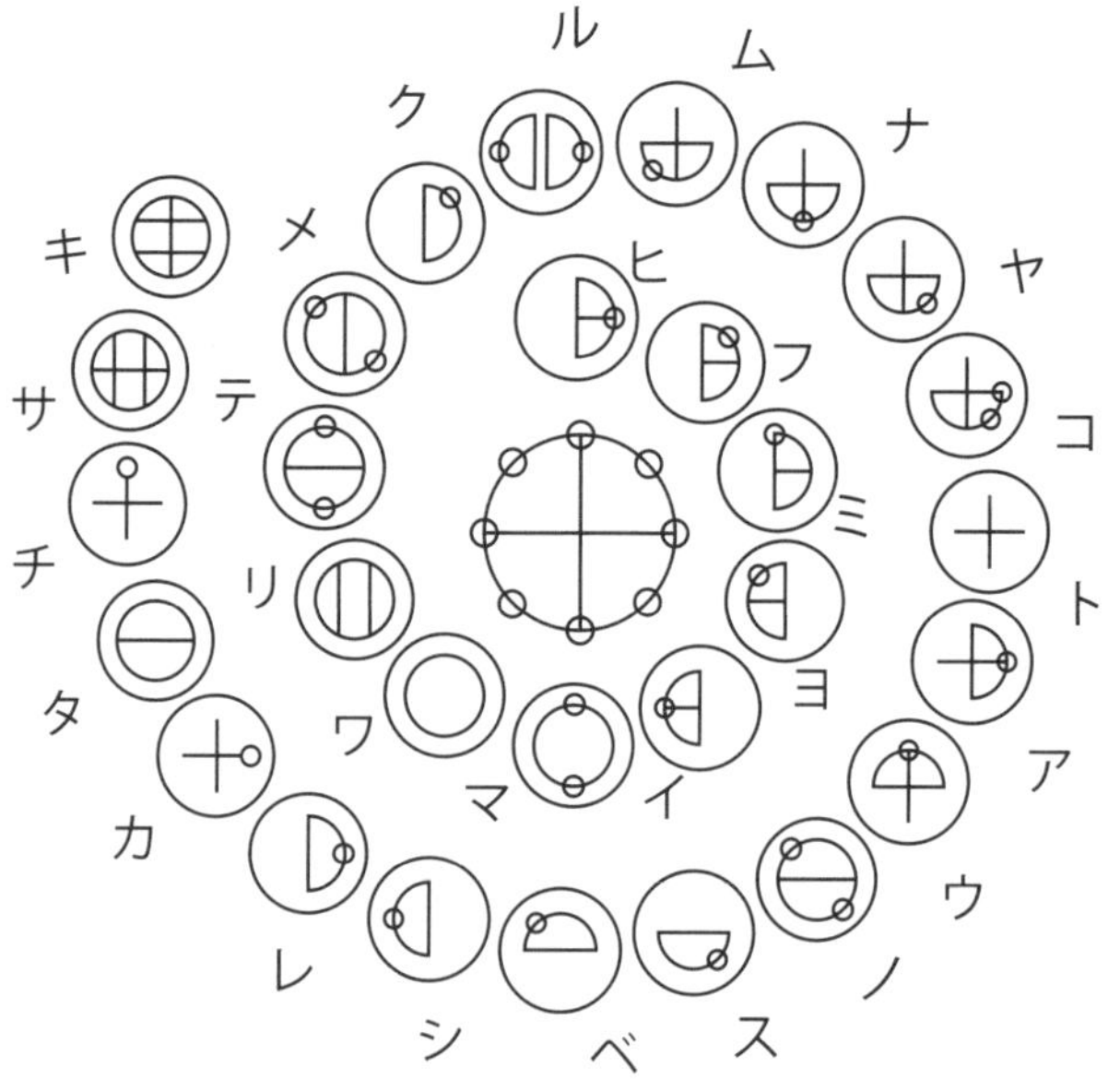

ヒフミヨイ　マワリテメグル

ムナヤコト　アウノスベシレ

カタチサキ

根源から出て（ヒ）振動する（フ）光の実体（ミ）が、新しい陽（＝トキ）となり（ヨ）陰（＝物質）に伝わります（イ）。需要を受容して、必要なものを受け容れた間（マ）（＝トーラスの穴）が調和（ワ）すると、N極・S極に分離し（リ）、光や磁力を発信放射（テ）し、指向（メ）する太陽に引き寄せられて傾き（グ）留まり（ル）地球となります。

発信放射する広がり（ム）が地球の核（ナ）へと飽和（ヤ）して転がりながら渦を巻いて入り、（コ）核が統合（ト）すると、多くの感覚をもつ生命体（ア）が地球に生まれ出て（ウ）時間をかける（ノ）方向へと進み（ス）、外側の身体（ベ）の示しが死ぬ（シ）と、身体が消失（レ）します。すると重力による力（カ）が分かれ（タ）て、エネルギーが凝縮（チ）し、生命トーラスの穴の遮り（サ）の中で振動エネルギー（キ）（霊＝たま）となります。

◆カタカムナウタヒ第6首：48音の言霊をもつ人間の誕生を描く

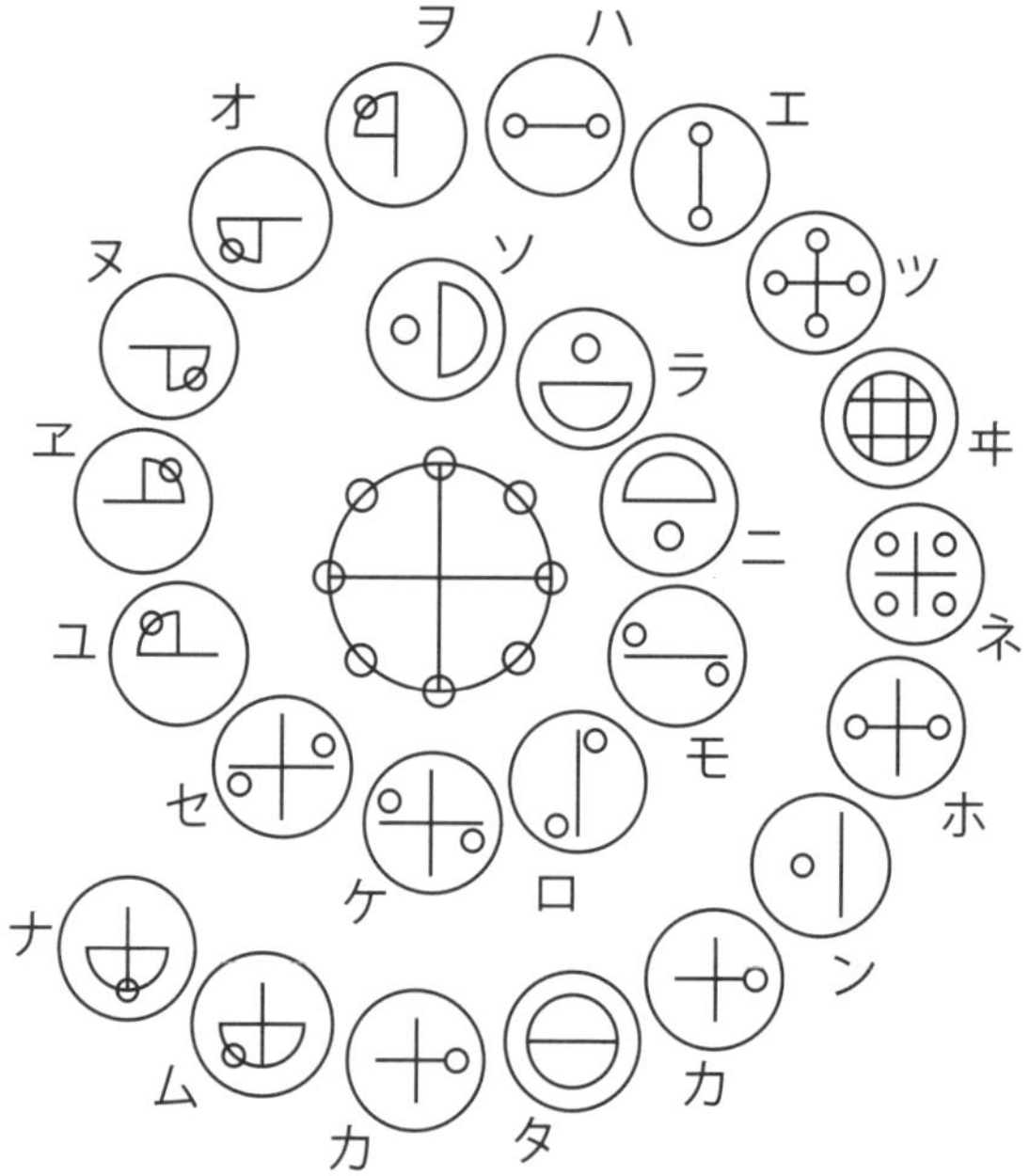

ソラニモロケセ　ユヱヌオヲ

ハエツヰネホン　カタカムナ

身体を失った振動エネルギー（霊）は、外れた空の場（ソラ＝大気圏・バンアレン帯）に、圧力を受けて地球引力で引かれ（ニ）、漂う（モ）空間（ロ）となります。その空間がもつ周波数が放出（ケ）されると、人間の精子に受信され、引き受け（セ）られて、性行為によって精子として湧き出し（ユ）、卵子に届いて（ヱ）卵殻を貫き（ヌ）、奥深く（オ）へと進み、新しい生命体として奥深くに出現（ヲ）します。染色体、DNAが引き合い（ハ）、転写され（エ）、身体を作るたんぱく質が集まり（ツ）、胎児としての存在（ヰ）となり、生命エネルギーが充電され（ネ）、大きな力（陣痛といきみ）で子宮からポンと引き離され（ホン）ます。それが身体と生命エネルギーが統合したイノチの核（カタカムナ）をもつ人間です。

注）48音が5首・6首と2首に分かれているのは「5＝イ、6＝マ」、つまり「今」の瞬間に、これら48音のすべての言霊エネルギーが言葉となり意識となって循環していることを表しています。

◆カタカムナウタヒ第7首：生命体（勾玉）の構造

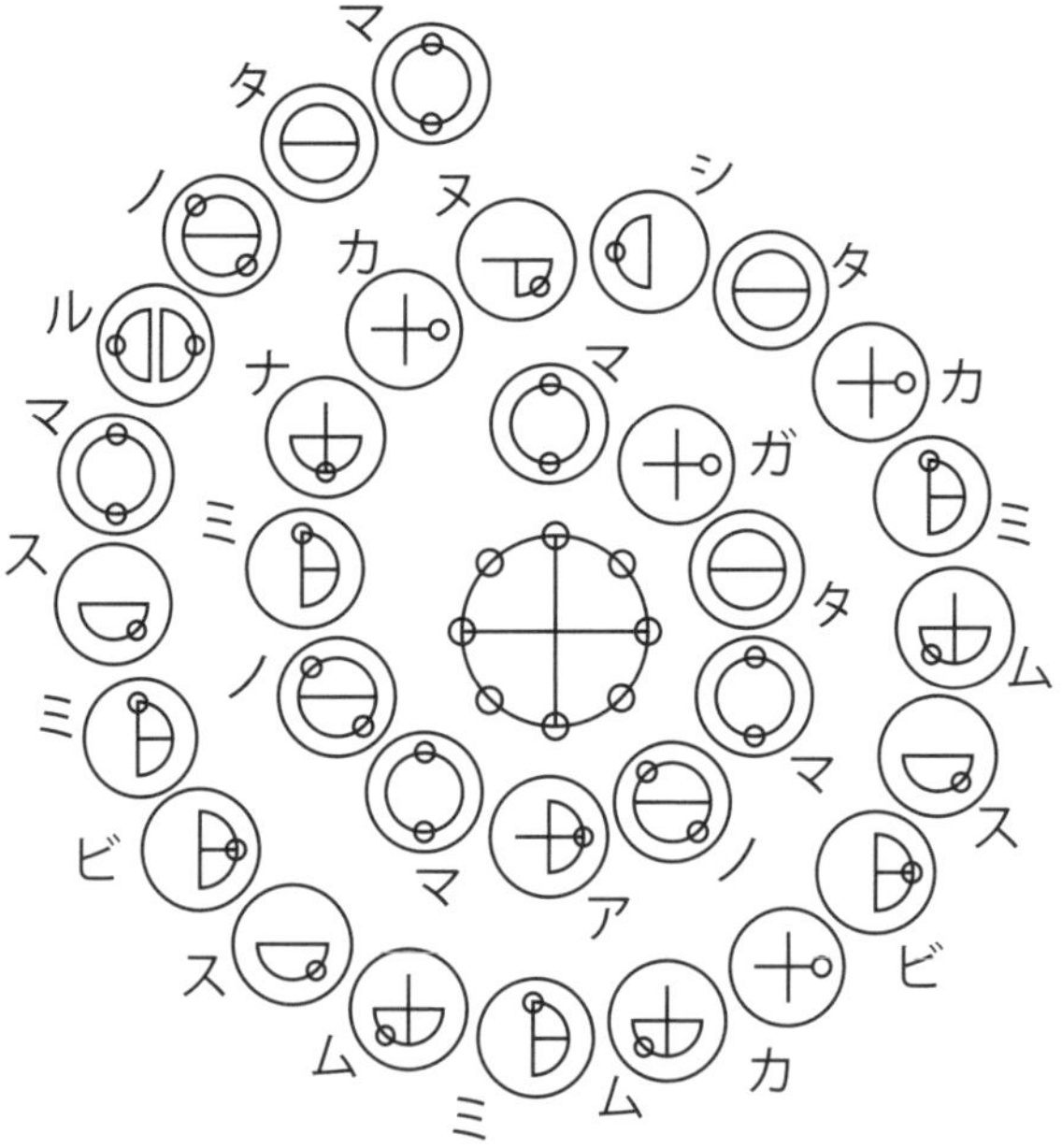

マガタマノ　アマノミナカヌシ
タカミムスビ　カムミムスビ
ミスマルノタマ

生命体を表す勾玉（陰陽）には、天御中主《あまのみなかぬし》という中心に突き抜ける穴（ヌシ）が空いています。その穴には、タカミムスビ（引力）が物質を一つに結び、またカムミムスビ（暗黒物質）が勾玉のトーラスエネルギーを風呂敷のようにすべて包み込み、中心で一つに結んでいます。

その勾玉トーラス構造が「ミスマルのタマ」という、自転公転（ミスマル）する生命球体（タマ）なのです。

注）「引力」、「暗黒物質」とは、現代の科学の発見の中で、カタカムナの言葉を置き換えた場合に当てはまる可能性のある言葉です。

◆カタカムナウタヒ第8首：生命体の本質「トキ・トコロ（時空間）」とは

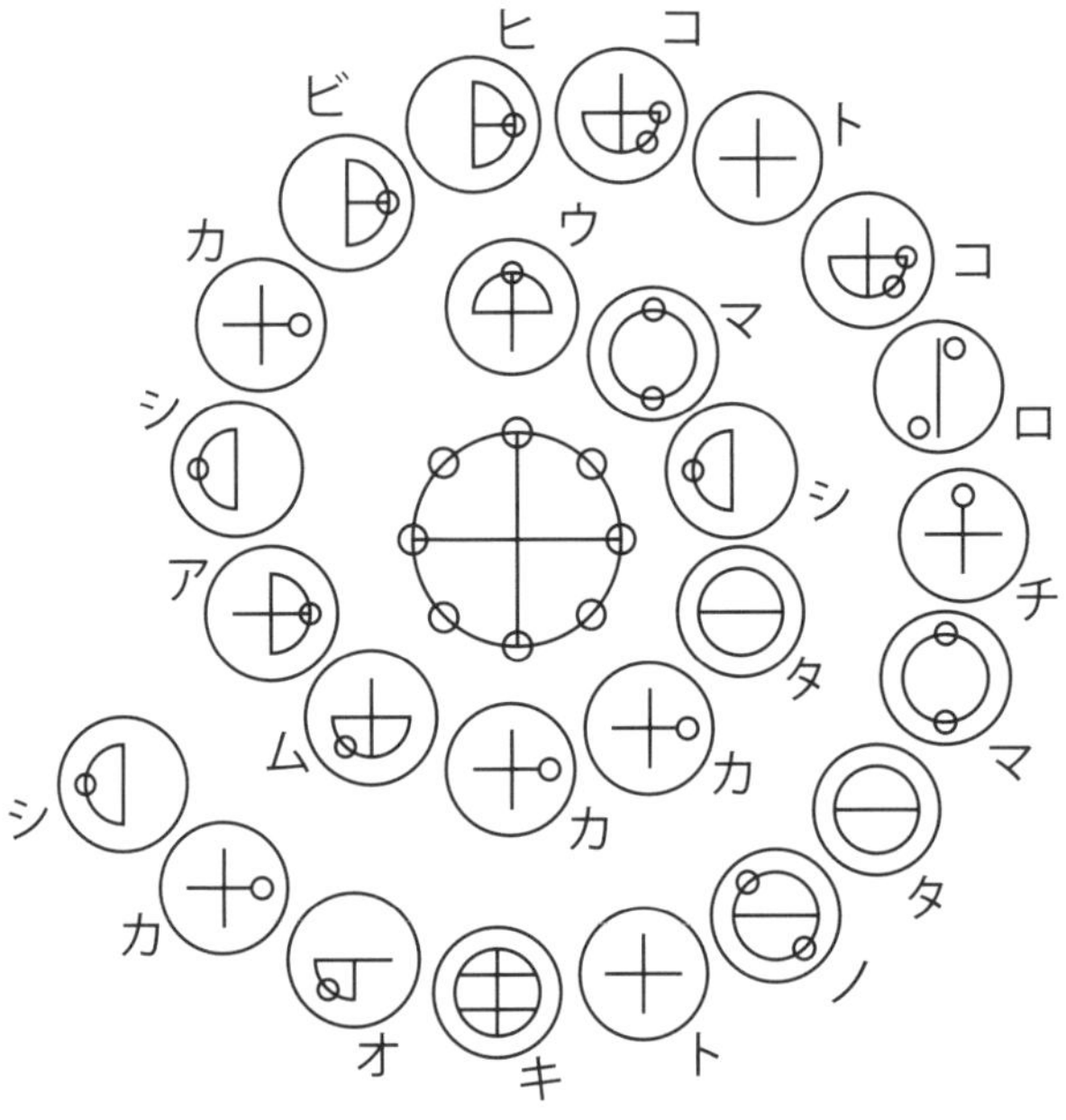

ウマシ　タカ　カム　アシカビヒコ
トコロチマタノ　トキオカシ

中心に生まれたマ（アナ＝心）の示し（ウマシ）には、タカミムスビの「引力＝タカ」と、カムミムスビの「暗黒物質＝カム」が入り込んでいます。また、心の振動を感じとる「アシカビヒコ」という命のチカラ「光」が、トーラスの穴に転がり入り、転がり出て時空間（トキ・トコロ）を作って循環しているのです。

空間であるトコロ（水＝陰凹）は外側にあって、時間であるトキ（光＝陽凸）は、陰（水・物質）の奥から出るチカラの示し（オカシ）です。

注）「アシカビヒコ」とは光のことですが、その光を包む陰が水であり、肉体＝物質です。振動する光（陽）は、その陰である水と一体となっています。私たちは水分に反射する光の陰を物質の色形として見ています。

◆カタカムナウタヒ第9首：生命の脈動・3次元に立ち上がる言霊の神

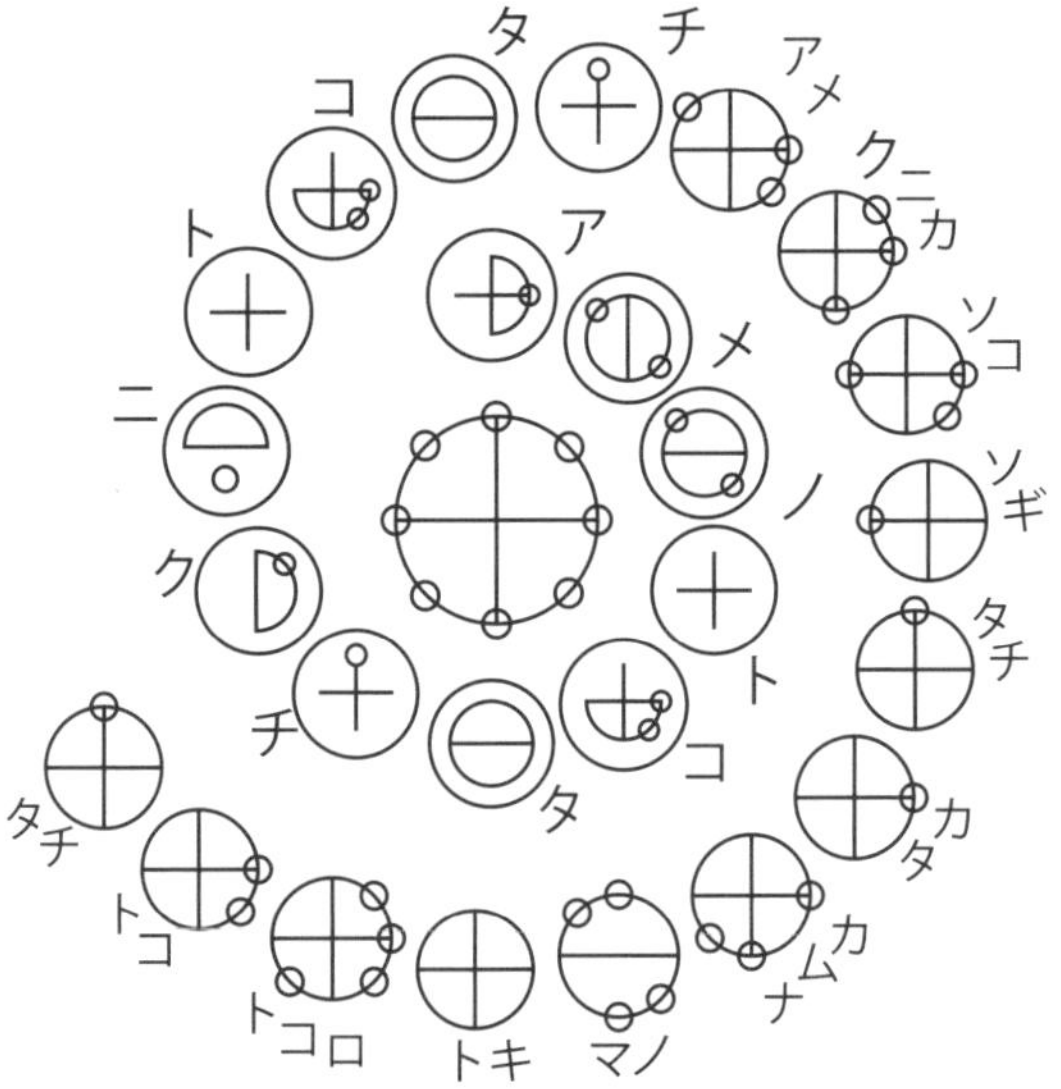

アメノトコタチ　クニトコタチ

アメクニカ　ソコソギタチ　カタカムナ

マノトキトコロ　トコタチ

天《あま》（大気と宇宙）から入ってきた上下2つの逆渦の目（アメ）は、中央で一つに統合してお互いに転がり入って立ち上がり重なり合う（トコ）性質（タチ）があり、その重なり合う「十と二」がエネルギーを打ち消し合う中央は「ゼロ空間」となります。そのゼロ空間を「クニ」といって遮りとなり、内には磁場が発生しています。その重なり合ったゼロ磁場のエネルギーを一つに統合してお互いに渦を巻いて転がり入り、今度は前後3次元に立ち上がるエネルギーがジェット噴流となって噴き出し、内と外のエネルギーが反転します。それが「クニ・トコ・タチ」という現象化を起こす言霊（振動）の龍神エネルギーです。アメノトコタチの「統合して転がり入り立ち上がるタチ」がエネルギーをチャージして膨張を生み出し（ソコタチ）、クニトコタチのゼロ磁場から前後に噴出するジェット噴流が立ち上がると、今度は、収縮（ソギタチ）を生み出します。

カタカムナという核の生命の根源（マ）では、このように時空間（トキ・トコロ）が統合して共に転がり入って（マノトキトコロ）、呼吸をするように凝縮と膨張を繰り返しています。

◆カタカムナウタヒ第10首：地球の天地創造

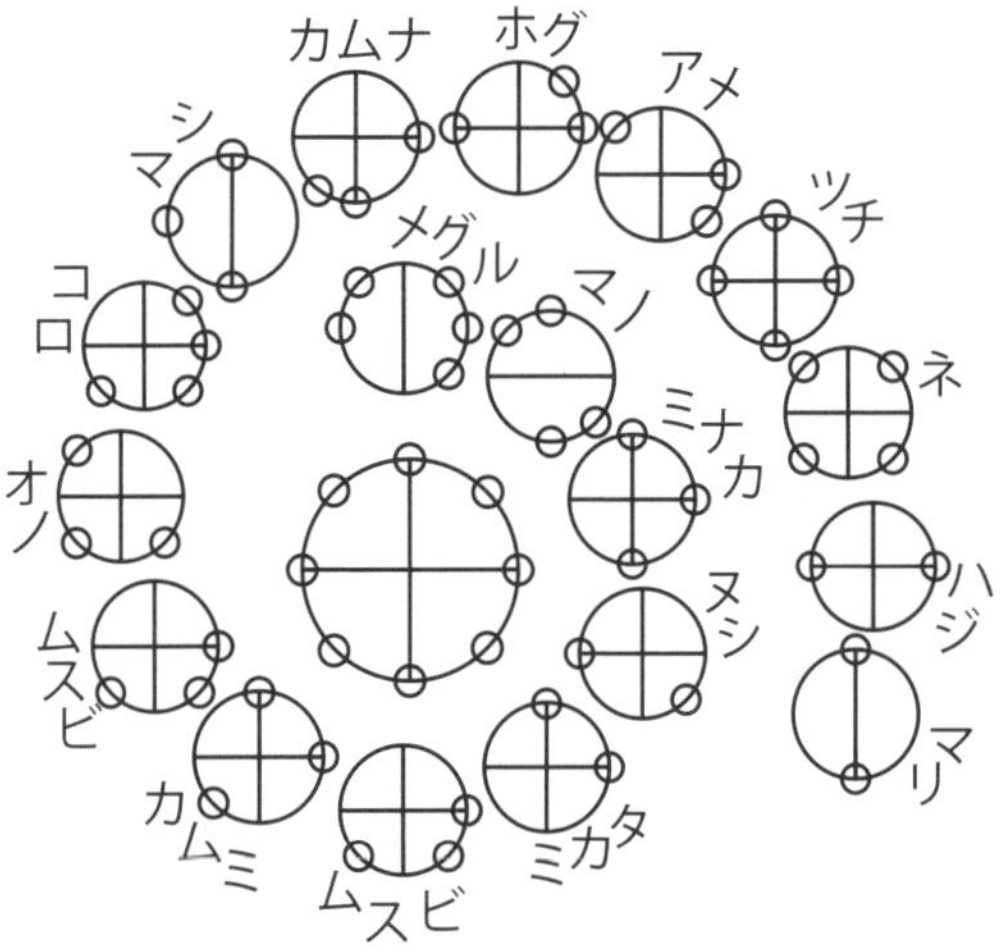

メグルマノ　ミナカヌシ
タカミムスビ　カムミムスビ
オノコロシマ　カムナホグ
アメツチネ　ハジマリ

地球が公転する中心（太陽）には、ミナカヌシというトーラスの穴が空いています。そのトーラスの穴では、タカミムスビ（引力）とカムミムスビ（暗黒物質）によって惑星が一つに結ばれ、公転しています。その間隔の中にはオノコロシマ（自転する宇宙の島の一つ）である地球があり、その中心カムナで暗黒物質（カム）が離れたり引き寄ったりしながら、メビウスの反転を起こし、永遠循環しています。その力で地球表面には、雨が降り、土ができて、植物が根を張り、生命が始まりました。

注）マワリは自転のことであり、メグルは公転を表します。マワリテメグルとは自転しながら公転することなので、10首の「メグルマ」とは惑星を抱いてまわる太陽系を表わし、ミナカヌシとは、その太陽系のトーラスの中心の穴を指しています。

カタカムナの中心図象【ヤタノカガミ】

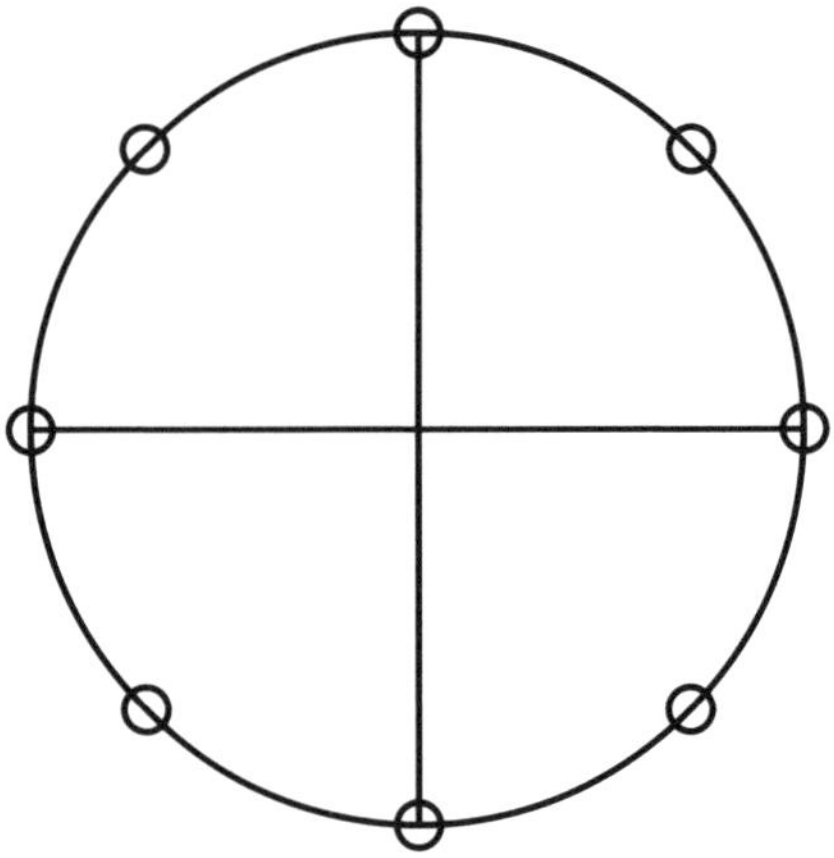

80首あるカタカムナウタヒの中心図象として、80首中71首とほとんどを占めているのがヤタノカガミです。

八咫鏡は、生命のトーラスの「永遠循環」のことを表しています。したがってヤタノカガミは、「創造御柱」を表しています。

ヤタノカガミ（八咫鏡）は、古来、三種の神器の一つとされています。

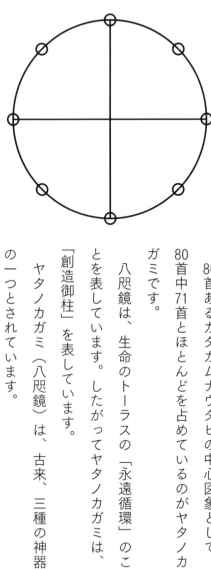

カタカムナの中心図象【フトマニ】

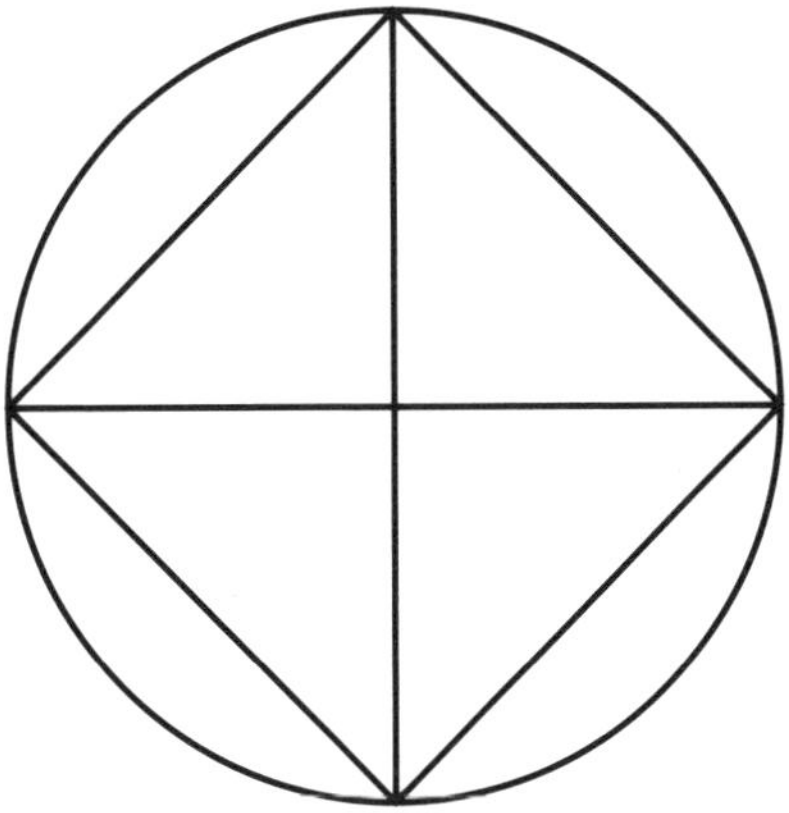

フトマニ図象は80首中、7首のウタヒの中心図象になっています。創造御柱の中心にある生命の核は、カタカムナそのものであり、ピラミッドからエネルギーを放出する「今」の形です。「ココロ＝心」であり、現象を産み出す「子宮」でもあります。

フトマニは、やはり三種の神器の一つで、スサノオが八岐大蛇を退治したときにその尻尾から出てきた聖剣「草薙剣」を言霊エネルギーとして出します。菱形の図象は、剣を切っ先から真正面に見た形です。

カタカムナの中心図象【ミクマリ】

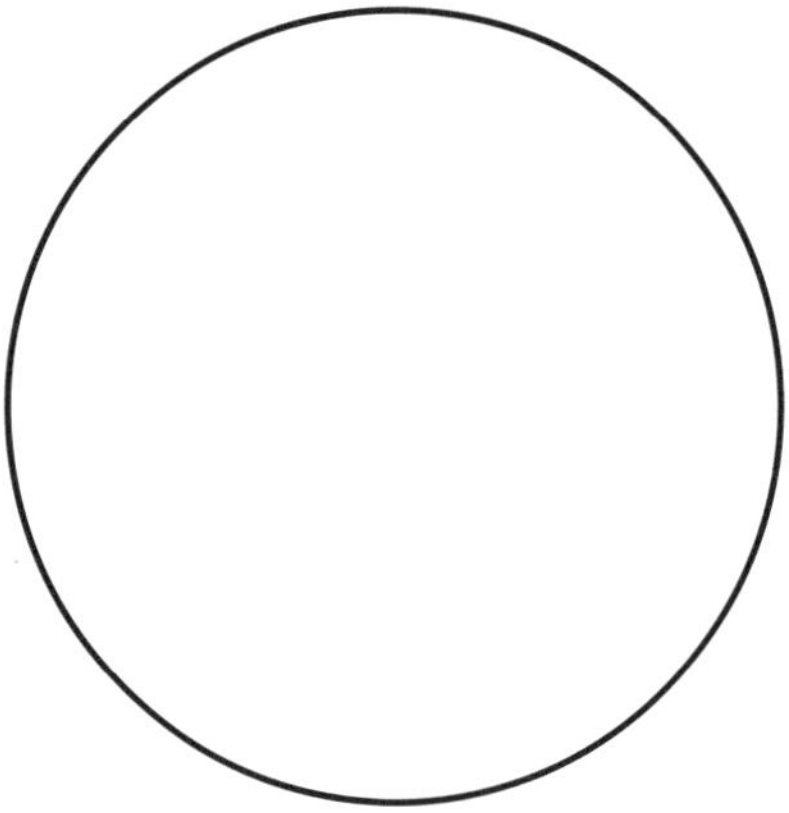

80首の中で、ミクマリを中心図象とするウタヒは、第1首と第15首の2首だけです。このミクマリ図象を中心とするウタヒは、「陰陽の生命体」について語っています。

ミクマリとは「水分」という意味で、勾玉ともいわれています。勾玉の形は、見えている部分だけでなく、見えないその半分の部分があって、逆向きの2つのオタマジャクシが互い違いに合わさって球体となっています。つまり勾玉の見えない空間を合わせて球体として見るのです。

いちばん単純な形ですが、三種神器すべてを含んだ形でもあります。

最小は素粒子や量子から、生命体、地球、太陽、宇宙まで、すべては陰陽（ミクマリ）の相似象です。

カタカムナは渦巻構造

私はかつてカタカムナ文字を理解したい一心で、来る日も、来る日もカタカムナ文字の渦巻を眺めていました。すると突然、紙に描いた渦巻き状ウタヒが3D化し、動き出したのです。その動きを図に描いてみたら、その構造が理解できました。

ウタヒを平面でなく立体化してみると、渦は竜巻状に立ち上がる渦の下に、まるで合わせ鏡のように、逆回転するもう一つの渦がイメージされます。2つの渦は、それぞれが逆向きに回転しているので、結節点である＋のところでは、ギューっと絞られ、よじれる形になっていて、ゼンマイを巻くようにエネルギーが溜まり、＋で表されています。これがカタカムナウタヒの中心図象が左回りにまわり、言霊は右回りに広がる逆渦巻状になっている理由です。

創造の御柱

この構造を古神道では「創造の御柱」といっています。すべての生命、事柄が、この創造の御柱から誕生しています。

そこには右回りと左回りの2つの渦があり、それがつながっています。ここに重要な意味があります。どういうことかというと、右回りというのは時計と同じで、時間が消費する方向を表しています。そして逆の左回りは時間が充電される方向にあることを示しています。時間は消費するだけでなく、その前提として溜めるという段階がなくてはなりません。

すべての事柄が必ず相反する対でできているのがこの世の法則で、それはまた、生命の誕生と死にかかわる絶対法則を表しています。この世に生まれた生命は、生まれた瞬間に、死に向けてひたすらカウントダウンを始め、歳をとるということは、肉体が崩壊へと進むことです。それは生命だけではなく、星も無機物も一緒です。

しかし肉体が滅んでも、私たちの命がなくなってしまうのではなく、死んだ瞬間から、再び生命エネルギーをチャージするプロセスに入り、また生まれるときを待つという輪廻転生が繰り返されます。

「今」という一瞬が過ぎるのも、じつはこの生死の相似象でもあるのです。

カタカムナは、ヤタノカガミに見られるように、○と＋で作られ、○は内側の世界と外側の世界を分ける境界線として、内と外を作り出しています。これは1次元の線（ヒモ）が結びついて円を作っていますが、宇宙は1次元から始まっていることを表しています。すべては1次元がつながって振動し、回転し、移動してトーラスの中心とつながり、エネルギーの循環によって2次元（膜宇宙）、3次元、4次元（時空間）を作り出しています。

神聖幾何学とは、神聖なる究極の振動を伝える形だと秋山先生はおっしゃいましたが、数霊では「152」になります。本文でもお伝えしたように、奇しくも三種の神器（サンシュノジンギ）と読むと、同じ「152」になります。これは「飽和する振動」、つまりあふれて止まぬ振動のことで、両者に「神」の字が入っているように、カタカムナ人が捉えていた神とは「生命」のことでした。つまり、「生命のあふれて止まぬ振動」を神聖幾何学も伝えているのでしょう。秋山先生のお話に共振共鳴してお聞きした理由がここにあります。

5. イ ⑤ 伝わるモノ・陰	6. マ 受容・需要	7. ワ 調和	8. リ 離れる	9. テ 発信・放射
14. ナ ⑦ 核・重要なモノ	15. ヤ ⑧ 飽和する	16. コ ⑨ 転がり入・出	17. ト ⑩ 統合	18. ア 感じる・生命
23. シ 示し・現象・死	24. レ 消失する	25. カ チカラ	26. タ 分れる	27. チ 凝縮
32. ニ 圧力	33. モ 漂う	34. ロ 空間・抜ける	35. ケ 放出する	36. セ 引き受ける
41. ヲ 奥に出現する	42. ハ 引き合う	43. エ うつる	44. ツ 集まる	45. ヰ 存在

1 2 3 4 5　6 7 8 9 10 11 12　13 14 15 16 17　18 19 20 21 22 23 24　25 26 27 28 29
ヒフミヨイ　マワリテメクル　ムナヤコト　アウノスヘシレ　カタチサキ

30 31 32 33 34 35 36　37 38 39 40 41　42 43 44 45 46 47 48
ソラニモロケセ　ユヱヌオヲ　ハエツヰネホン　**カタカムナ**

→　これら48音の響きが、物質・生命体**カタ**の、

その見えないチカラの広がり**カム**の、核**ナ**から出ています。

（注）①～⑩までは、1次元から10次元までを表しています。
短い太いたて線は5字7字のウタの切れ目を表しています。
長い3重線は数霊に関連した線です（この本では説明を省略しています）。

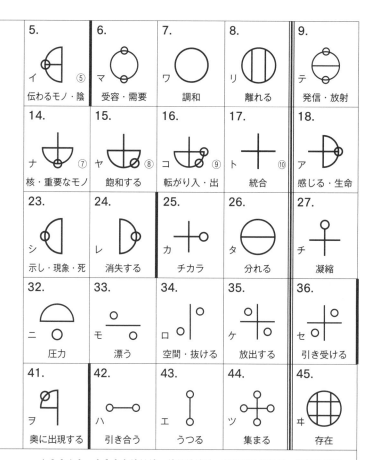

カタカムナ48音の思念（言霊）表

1.  ヒ ① 根源から出・入	2.  フ ② 増える・負	3.  ミ ③ 実体・光	4.  ヨ ④ 新しい・陽
10.  メ 指向・思考・芽	11.  ク 引き寄る	12.  ル 留まる・止まる	13.  ム ⑥ 広がり
19.  ウ 生まれ出る	20.  ノ 時間をかける	21.  ス 一方へ進む	22.  ヘ 縁・外側
28.  サ 遮り・差	29.  キ エネルギー・気	30.  ソ 外れる	31.  ラ 場
37.  ユ 湧き出る	38.  ヱ 届く	39.  ヌ 突き抜く・貫く	40.  オ 奥深く
46.  ネ 充電・充たす	47. 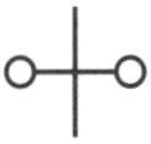 ホ 引き離す	48.  ン 掛かる音を強める	

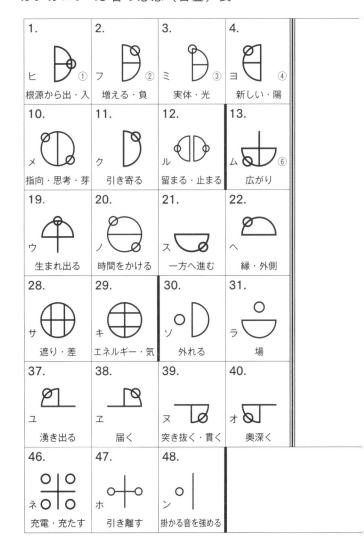

			49.	50.	51.	52.	53.	54.
			転がり入って統合する	統合する	縮小する 減少する	伝わる振動	入ってくる	発動するもの
55.	56.	57.	58.	59.	60.	61.	62.	63.
伝わるものを伝える・生命の種	伝わる受容・広がり	伝わる調和	伝わるものが離れる	伝わるものが転がり入る	受容するもの	受容の広がりが出る・入る	受容の広がりが振動する	広がる実体
64.	65.	66.	67.	68.	69.	70.	71.	72.
放電する	受容の広がりが伝わる	次々と受容する	広がりが調和する	受容が離れる	広がりが発信・放射する	調和そのもの	調和したものが根源から分れて出る	膨張
73.	74.	75.	76.	77.	78.	79.	80.	81.
注入する	近づける	調和が伝わる	調和する広がり	次々と調和する核	調和が離れる	調和して転がり出る・入る	離れるもの	離れて根源から出る・入るもの
82.	83.	84.	85.	86.	87.	88.	89.	90.
開放 解放	出す 送る	中に入るチカラ	離れて伝わる	離れる受容	離れて調和する	飽和して次々と離れる	離れて転がり入る	発信・放射するもの
91.	92.	93.	94.	95.	96.	97.	98.	99.
中に入る	入るエネルギー	発信・放射を入れる実体	転がり出る新しいもの	転がり入って伝わるもの	発信・放射する広がり	転がり入って調和する	転がり入って離れる	次々と転がり入り転がり出る

カタカムナ数霊の思念表　1～99

1.ヒ	2.フ	3.ミ	4.ヨ	5.イ	6.マ	7.ワ	8.リ	9.テ
根元から 出・入	増える 負・振動	実体・光	新しい・ 陽	伝わる もの・陰	受容 需要	調和	離れる	発信 放射
10.メ	11.ク	12.ル	13.ム	14.ナ	15.ヤ	16.コ	17.ト	18.ア
指向 思考・芽	引き寄る	留まる 止まる	広がり	核・重要 なもの	飽和する	転がり 入・出	統合	感じる 生命
19.ウ	20.ノ	21.ス	22.ヘ	23.シ	24.レ	25.カ	26.タ	27.チ
生まれ 出る	時間を かける	一方へ 進む	縁 外側	示し 現象・死	消失する	チカラ (重力)	分れる	凝縮
28.サ	29.キ	30.ソ	31.ラ	32.ニ	33.モ	34.ロ	35.ケ	36.セ
遮り・差	出る エネル ギー・気	外れる	場	圧力	漂う	空間 抜ける	放出する	引き受け る
37.ユ	38.ヱ	39.ヌ	40.オ	41.ヲ	42.ハ	43.エ	44.ツ	45.ヰ
湧き出る	届く	突き抜 く・貫く	奥深く	奥に出現 する	引き合う	うつる	集まる	存在
46.ネ	47.ホ	48.ン						
充電する 充たす	引き離す	押し出す 力						

秋山佳胤

1992年東京工業大学理学部情報科学科卒業。1998年弁護士登録（東京弁護士）。2008年ロータス法律特許事務所設立。知的財産権を専門とする。2012年医学博士（代替医療）取得。日本ホメオパシー医学協会（JPHMA）・英国ホメオパシー医学協会（HMA）認定ホメオパス。2011、12年熱帯雨林保護のミッションでアマゾンを訪問、地球サミット参加。NGOグリーンハート理事。2012、13年、平和使節団としてパレスチナ、イスラエル訪問。『不食という生き方』（幻冬舎）、『宇宙的繁栄を勝手にプレゼントされる魔法のことば88』（徳間書店）など著書多数。

吉野信子

カタカムナ言霊伝道師。カタカムナの思念表著作者。太古の日本に存在した文明「カタカムナ」の研究に打ち込み、48音の思念を読み解き、検証し、「カタカムナ48音の思念（言霊）表」を発見した。2003年より日本ゴールボールチームを通訳兼スタッフとしてサポート。2018年4月に「カタカムナ学校」を開校。自身が校長を務め、講師養成講座を通してカタカムナを世界に広める活動を行っている。著書に『カタカムナ言霊の超法則』『カタカムナ数霊の超叡智』『カタカムナの時代が始まりました』（いずれも徳間書店）がある。

神聖幾何学とカタカムナ

マワリテメグル世界がわかる・見える！

第1刷　2020年3月31日
第3刷　2022年12月20日
著　者　秋山佳胤・吉野信子
発行者　小宮英行
発行所　株式会社徳間書店
〒141-8202 東京都品川区上大崎 3－1－1
目黒セントラルスクエア
電話　編集（03）5403-4344　販売（049）293-5521
振替　00140-0-44392

印刷・製本　大日本印刷株式会社

ISBN978-4-19-865057-5